デキるマネージャーは余計なことをしない

沢渡あまね

SOGO HOREI PUBLISHING CO., LTD

はじめに

「マネージャーの役割とは何か？」

そう聞かれて、あなたは自信を持って即答できるでしょうか？


「数字目標の達成。それに尽きる」

「いや、メンバーの育成でしょう」

「部下のお手本となるよう、行動することではないかな？」

「予算や人の調整。それがマネージャーの仕事だ」

「ビジョンを示すことかな」


答えは十人十色。いずれもごもっともでありながら、どれかひとつだけをやっていれば十分というものでもなさそうです。

これらを統合してワンセンテンスにするならば、次のように表現できるでしょう。

「上位組織のビジョン／ミッションを噛み砕いてチームの目標やゴールを設定し、組織内外のリソース（ヒト・モノ・カネ・情報・知識など）を活用してメンバーを動機付けおよび育成し、成果に導くことができる」

やや冗長な感じがするかもしれないですね。経営学者Ｐ・Ｆ・ドラッカーは、マネージャーの仕事を５つに定義しています。

①目標設定
②組織化・体系化
③動機付けとコミュニケーション促進
④評価測定
⑤人材育成

この５つは、いずれもマネージャーの必須要件といっても過言ではないでしょう。ところが、この話をすると現場のマネージャーから次のような反応が返ってきます。

「いやいや、私はいわゆる雇われマネージャーだ。上から降りてくる目標を部下に達成させるのみ。自分で目標を設定する権限なんてないよ」
「当社の組織はキッチリと決められていて、マネージャークラスがいじる余地はない」
「部下のいないマネージャーだから、評価も育成もする必要がない」

その通り。マネージャーの役割は現場によって、さらには人によってもさまざま。あるいは、プロジェクトマネージャーのように、管理職の職位および権限を必ずしも持たないマネージャーも存在します（ＩＴシステム開発のプロジェクトマネージャーなどは、課長代理や主任など職位上は管理職でない人が担うケースも珍しくありません）。すべてのマネージャーが、５つすべての役割を果たす責任があるかというと、そうではないのです。

本書では、５つのマネージャーの仕事のうちの３つ目。すなわち、「動機付けとコミュニケーション促進」にフォーカスします。なぜなら、**メンバーの動機付けとコミュニケーションはいかなる立場のマネージャーであっても求められる能力**だからです。

部下を持たないマネージャーも、他部署の社員や社外の人たちと何らかの形で関わって業務を遂行《すいこう》しているでしょう。管理職としての権限を持たないプロジェクトマネージャーは、プロジェクトに参画するメンバーや協力会社のスタッフを動機付けして率いていく必要があります。メンバーの人事評価をする責任はなくても、チームに課せられた目標を達成する責任はあります。また、その結果、彼ら／彼女らが成長し、適正な人事評価を得られるよう導く必要もあります。それができるプロジェクトマネージャーは、次からもプロジェクトを任せられるようになります。

動機付けとコミュニケーションの促進は、すべてのマネージャーに求められると同時に、さらにその重要性が高まっています。

「社員のエンゲージメント（組織に対する帰属意識や仕事に対する誇り）を高めるにはどうしたらよいか？」
「メンバーのモチベーション向上が課題」
「社員の定着率が低い」
「若手に主体性を持ってほしい」

私は２００以上の企業・自治体・官公庁の現場を見てきていますが、こうしたマネジメント課題に頭を抱えて相談に来られる経営幹部やマネージャーが日に日に増えています。人材の多様化が進み、働き方も多様になればなるほど、エンゲージメント(※)やモチベーションの高め方も一筋縄にはいかなくなります。いわゆる「飲みニケーション」のような、昭和型の成功法則が通用しなくなる。**トップが「主体性を持て」と叫ぶほど、現場は主体性がなくなっていく**。では、どうすればいいでしょうか？

※エンゲージメント：その組織や仕事、商品、ブランドなどに対して、所属する人や利用者が愛着や誇りを持っている状態。「つながりの強さ」とも解説される。

無理に余計なことをしない。

マネージャーは、メンバーの士気や主体性を高めようとするあまり、ついつい頑張ってしまいがちです。

・無理に雰囲気を盛り上げようとする
・細かく指示をし過ぎる
・コーチングで学んだ手法などを、駆使し過ぎようとするしかし、奇をてらったことをしようとすればするほど、お祭り騒ぎすればするほど、現場の空気は冷めていく。あるいは、マネージャーが細かく口出しすればするほど、部下が受け身になる。このような例は枚挙《まいきょ》に暇《いとま》がありません。

ここはひとつ、逆転の発想で考えてみましょう。

「モチベーションを下げているものをなくせないか?」

ふと周りを見回してみると、私たちは日々、モチベーションや主体性の足を無駄に引っ張るものに囲まれていることに気づきます。

・形骸化した朝礼や飲み会
・一方通行のチームミーティング
・誰も読まない日報
・上意下達の育成、指導
・差戻し必須の報告、稟議《りんぎ》

こうした、誰も得しない、あるいはひょっとしたらマネージャーが仕事したつもりになっているだけの慣習や行動を見直すだけでも、職場のコミュニケーションは良くなります。

モチベーションを上げようとしない。むしろ、モチベーションを下げている仕事のやり方や慣習を排除する。

それが、結果的にメンバーのモチベーションを上げる近道なのです。

本書では、小難しいマネジメント論を展開するつもりはありません。普段の何気ない行動レベルでの、ちょっとした気遣いや工夫のポイントを紹介します。肩の力を抜いて、マネージャーのみなさんがついついやってしまいがちな余計な行動を振り返ってみてください。そこにある、コミュニケーションの阻害要因やモチベーションの足かせに気づいてください。わざわざ何かを始めるのではなく、それらをやめることから、現場の空気を明るくしていきましょう。

デキるマネージャーは余計なことをしない　目次

第1章

モチベーションを下げないために、しないこと

~知らないうちに部下のやる気を削ぐ言動と改善策~

第2章

円滑なコミュニケーションのために、しないこと

~あなたのその行動が、職場の空気をドンヨリさせる~

第3章

迅速なコラボレーションのために、しないこと

~「外」といかにつながるかが、イノベーションの鍵になる~

第4章

生産性を高めるために、しないこと

～無駄を省き、個人が正しく成長できる組織づくり～

ちょっと長めの「おわりに」
～理想のマネージャー、Sさんが見せてくれた背中～

序章

「やめる」こと
から始めよう

マネージャーの仕事は
不確実性を排除すること

不確実性が人の心を不安にさせる

突然ですが質問です。
あなたは、次の5つのシチュエーションにおいて、A、Bどちらが好ましいと感じるでしょうか？　直感で答えてみてください。

シチュエーション①

A：普段利用している鉄道路線。たびたび遅延が発生するが、その都度目的地の到着予定時刻を車内放送とディスプレイで教えてくれる。
B：普段利用している鉄道路線。どうやら遅延しているようだが、案内がない。何時何分に目的地に着くのかまったくわからない。

シチュエーション②

A：近所にオシャレなカフェができた。お店の外では、かわいらしい花壇の横に黒板が掲げられ、メニューと値段が書かれている。

B：近所にオシャレなお店ができた。佇《たたず》まいからして、どうやらカフェのようだが、美容院のようにも、お花屋さんのようにも見える。

シチュエーション③

A：新しくできた高層ビルのエレベーターホール。各エレベーターがいま何階にいて、次にどのエレベーターが到着するのか大きなパネルで示されている。

B：新しくできた高層ビルのエレベーターホール。デザイン重視で、エレベーターの現在位置や接近情報を示すパネルの類は一切ない。

シチュエーション④

A：来月から入社することになった会社。社長が会社のポリシーをはっきりと示している。

B：来月から入社することになった会社。社長が何を考えているのかよくわからない。そもそも、社長の名前すら知らない。

シチュエーション⑤

A：今月から始まったプロジェクト。参画初日に、プロジェクトマネージャーが目指す姿、全体スケジュール、自分への期待などを伝えてくれた。

B：今月から始まったプロジェクト。とりあえず参画してと言われたが、何をやるのかよくわからない。成果が出なければ、半年後に打ち切りになるとの噂も……。

恐らく多くの人が、それぞれAを好ましいととらえるのではないでしょうか？　よっぽどのチャレンジャーや変化を楽しむ人であればBと答えるかもしれません。しかし、**情報**

が与えられない状況や不確実である状況は、利用者や受け手を不安にするものです。

株式会社レクター取締役で、自らITエンジニアとして活躍する広木大地《ひろきだいち》氏は、著書『エンジニアリング組織論への招待』（技術評論社／2018年2月刊）の中で、不安を生じさせる要因として、不確実性について解説しています。

さらに、不確実性の対象を「未来」と「他人」の2つに分類しています。

未来の不確実性

それがやってくるまでどうなるかわからない（「環境不確実性」）。

他人の不確実性

お互いがどう思っているかわからない。どのような行動が相手にとって心地良い／不快かわからない（「通信不確実性」）。

不確実性が不安を生じさせる

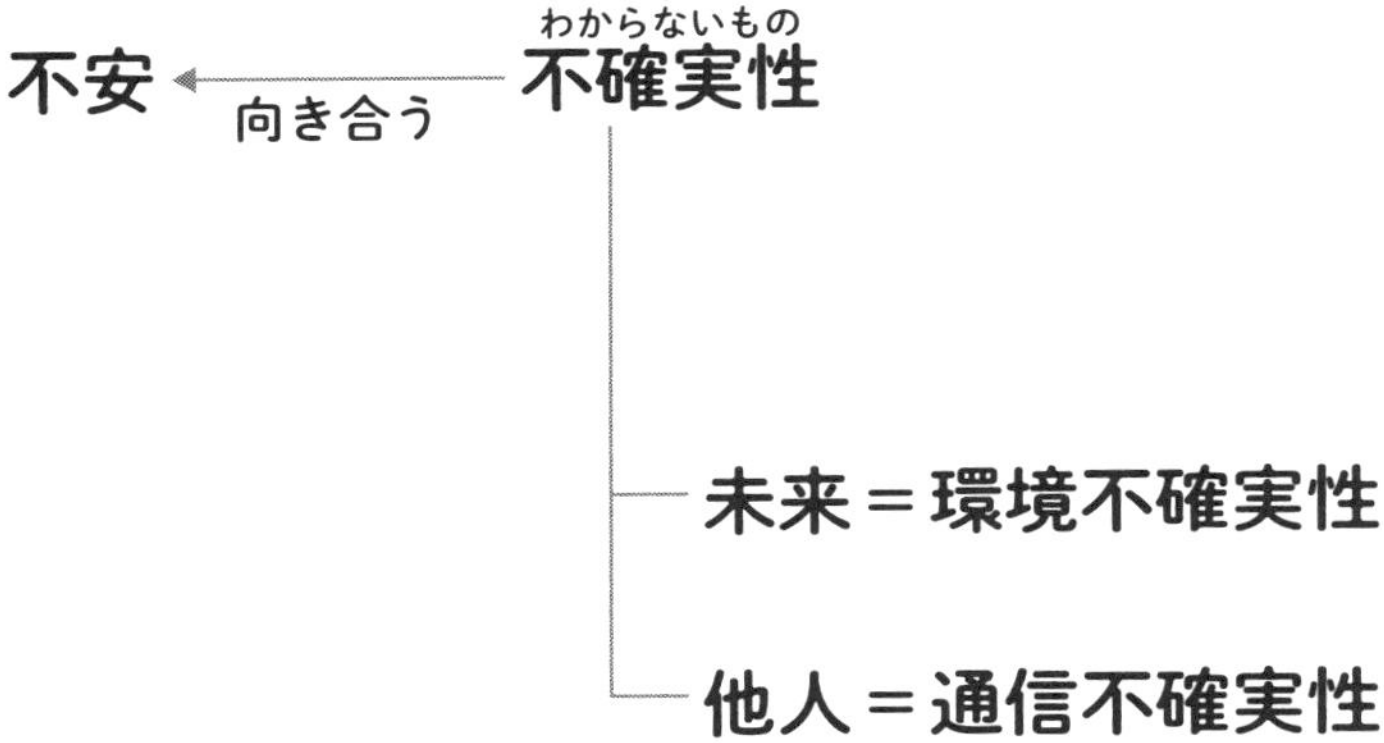

出典:『エンジニアリング組織論への招待』(広木大地著／技術評論社／2018年２月刊)

未来の不確実性を少なくするには、観測や仮説検証を実行する、あるいは行動原則やポリシーを明確にするなど、不確実性とどう向き合うかを示す必要があります。

一方、他人の不確実性を少なくするためには、相互理解をするための場の創出や、相互の情報発信を重ねる必要があるでしょう。いずれの不確実性も、環境依存、あるいは相手依存で寝そべっていて解決するものではありません。

「不確実性の高い状況＝この先何が起こるかわからない状況」です。これは、あなたが率いるチームのパフォーマンスにも大きく影響します。

不確実性の高い状況が続くと、人は不安に

なります。**不安な感情はやがて不信に姿を変え、そして不満としてメンバーの心に蓄積されます。**

このように、不確実な状態は、人のモチベーション、コミュニケーション、さらにはエンゲージメントとチームの一体感を徒《いたずら》に低下させる大きな要因となり得るのです。

厄介な妖怪「モヤモヤ」を特定しよう

私は、これまで企業・自治体・官公庁、およそ200カ所近くで生産性や働き方、エンゲージメントをテーマに講演やアドバイザーなどの業務支援活動を行ってきています。そこでは、「職場に潜む2匹の妖怪の正体を明らかにしよう」とお伝えしています。

職場に潜む2匹の妖怪とは？

妖怪「モヤモヤ」と妖怪「常識」です。この2匹の妖怪が、私たちの職場に悪気なく棲《す》みつき、生産性やモチベーション、ひいてはメンバーのエンゲージメントの足を優しく

不確実性の問題地図

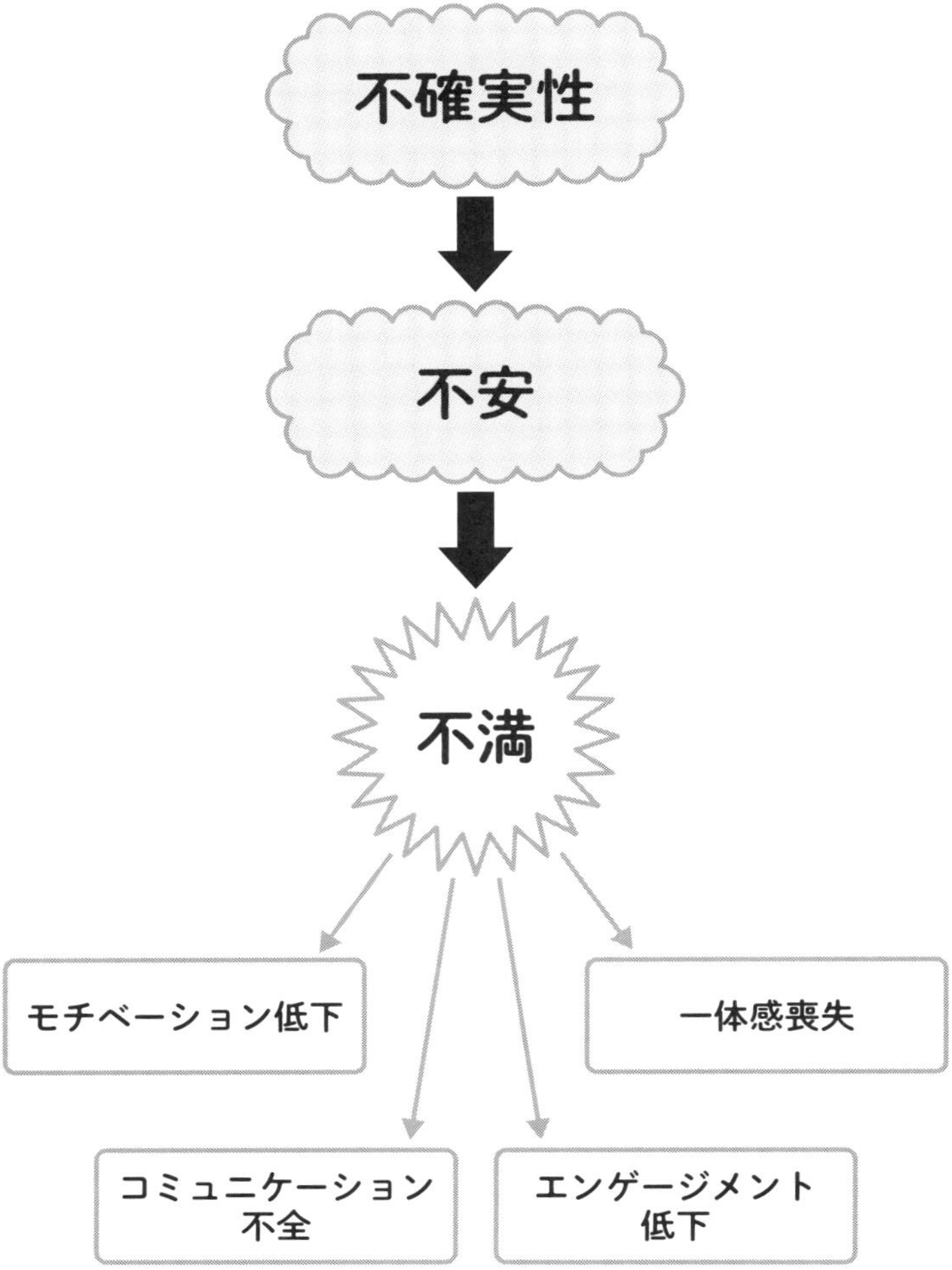

引っ張り続けているのです。

とりわけ妖怪「モヤモヤ」は厄介です。なぜならその名が表すが如《ごと》く、モヤモヤしていて言語化されにくく、日常の当たり前の景色に、あるいは私たちの心の中にとどまって隠れてしまうからです。

不確実性もまた、妖怪「モヤモヤ」ととらえることができます。

・近い将来、何が起こるかわからない
・大きな災害が起こるかもしれない
・このプロジェクトは凍結されてしまうかもしれない
・来年また雇用を継続してもらえるかどうかわからない
・このお饅頭、ここに置いておいたら誰かに食べられてしまうかもしれない

事の大小問わず、このような不確実性は、モヤモヤと私たちの頭や心を占拠し続けます。

・この上司、何を考えているかわからない
・書類の格納場所、誰に聞いたらいいかわからない

私たちの職場に潜む2匹の妖怪

・新しい仕事のやり方、誰か教えてくれるのかしら？

このような、他人に対する不確実性もまたモヤモヤです。モヤモヤは、そこで働く人たちを無駄に思考停止／行動停止に陥《おちい》らせ、モチベーションやエンゲージメントを下げます。

モヤモヤが蔓延《まんえん》している状態で、モチベーションアップの施策を走らせたり、生産性向上のための小技を並べ立てたりしたところで、その効果は限定的でしょう。

よって、マネージャーのあなたは、まずあなたのチームにどんなモヤモヤがあるのかを特定し、率先して撃退していく必要があります。

私は、これを「妖怪モヤモヤの正体を明らかにし、正しく向き合う」と表現しています。

モヤモヤの8つの例

では、私たちの足を引っ張る職場のモヤモヤには、どのようなものがあるのでしょうか？ 具体例を8つ示します。

①目的が見えない

いつも突然、仕事が降ってくる。ある日突然、プロジェクトに巻き込まれる。それは仕方がないにしても、目的が見えない／わからない。この仕事は誰のためのものなのか？ 成果物は誰がどんなシーンでどう利用するのか？ 常にモヤモヤしたまま、想定で（あるいは言われるがままに）動くしかない。その想定が外れようものなら「やり直し」「手戻り」。やる気も生産性も順調に下り坂。

②期待値が不明

その仕事に対して、自分が何を期待されているのかわからない。たとえば、あなたが部下に仕事を振ったとします。その仕事は、取り急ぎその場限りでさばいてもらえればよいのか（ヘルプしてもらいたいだけ）、今後もくり返し同様の仕事を部下に任せる意図で振っているのか、あるいは部下の学習と成長のために振っているのか。それがわからないと、部下はその仕事に対してどう関わればいいのかわからず、無駄に力をかけるか、あるいは手を抜き過ぎてしまいます。

③結果を知らされない

仕事を振った。あるいは、部下にテーマを与えて提案させた。部下は一生懸命仕事をこなしてあなたに報告／提案した。しかし、その後あなたからは一切音沙汰なし。やり直したほうがいいのかどうかもわからない。その間、その仕事の存在が部下の脳内メモリに常駐し続け、心をモヤモヤさせる。あるいは、すっかり忘れてしまっていて、ある日突然あなたに「あの件なんだけれど……」と言われてアタフタする。これまた厄介なモヤモヤです。

④現在地不明

決裁書類、あと何人のハンコをもらったら完了するのか？　社内稟議、いまどこまで進んでいて、何日待てば先に進めることができるのか？　全体の道のりの長さも、現在位置もわからない。このモヤモヤもモチベーションと生産性を下げます。

⑤予定が見えない

「部長、いつになったら席に戻るのだろう（報告しなければならない事案があるのに……）」

「異動して新たに着任したチーム。みんな毎日忙しそうだけれど、何月頃なら余裕があるのだろう？（連続休暇を取得する相談をしたいのだけれど、このチームはいつが閑散期かまったく読めない……）」

個人の予定、チームのスケジュールがわからない。予定に関するモヤモヤも、無駄な待ち時間や忖度《そんたく》を生みます。

⑥終わりが見えない

システム開発のプロジェクト。顧客や社内関係者の都合で、要件が追加になり延長、延長、そしてまた延長。ある程度は仕方ないにしても、際限なく延長戦がくり返されると、どんなに優秀なピッチャーでも疲弊します。同様に、最初はやる気満々で参加したメンバーも、「もう頑張れません……」の状態に。

⑦誰が何を得意なのか見えない

「中途採用で加わった新メンバー。いままでどんなことをしてきていて、何が得意なのだろう?」

「着任した上司。このチームをどうしていきたいのだろう?」

「新しくチームに加わった、協力会社のスタッフ。何の案件でここにいて、どんな役割なのかまったくわからない」

「事務手続き、誰に頼んだらよいのわからない」

「この人に残業をお願いしてしまってもよいものかしら？」


誰が何を得意なのか？　誰が何をやりたいのか？　見えません……。

この状況も、チーム内のコミュニケーションやコラボレーションを悪くします。どんなシーンで誰を頼ったらよいのかわからず、メンバー同士でもモヤモヤしますし、上司のあなたも、誰にどんな仕事を任せたらよいかわからない。時に、悪気なく、苦手な仕事を苦手な人に振ってしまって、信頼関係がギクシャクすることも。

⑧決めない

モヤモヤの極めつけ。上司が決めてくれない。この組織の会議では何かが決まったためしがない。

「決めない」は、あなたとその組織に関わるすべてのステークホルダー（メンバー、お取引先、顧客、他）をモヤモヤさせ、理解者や協力者をそっと遠ざけます。

職場にのさばる妖怪「モヤモヤ」の例

①目的が見えない

②期待値が不明

③結果を知らされない

④現在地不明

⑤予定が見えない

⑥終わりが見えない

⑦誰が何を得意なのか見えない

⑧決めない

↓

無駄な忖度　準備不足　思考停止　熱量低下

余計な先走り　帰れない　やらされ感

いかがでしょうか？　何気ない日常の景色に、このようなモヤモヤが潜んでいませんか？

心ある部下なら、上司のあなたや先輩社員に質問しようとするでしょう。しかし、肝心のあなたも先輩社員も忙しくて席にいない。居場所すらわからない（これも「モヤモヤ」ですね）。よって、部下はモヤモヤを自分で抱えざるを得ません。

そして、部下はある日突然、あなたや先輩社員から無慈悲にこう言われる。

「なんで報告しないんだ！」

「わからないことがあれば、聞きなさい！」

いやいや。報告する隙もなければ、その案件がいちいち報告を求められるレベルなのかもわからない。そもそも、誰に聞いたらよいのかもわからない。**その状況を放置しておいて、相手の主体性や積極性任せにするのはあまりに酷《こく》**です。

まずは、あなたのチーム、あなたの職場の**モヤモヤを言語化してみましょう**。たとえば、次のような図をホワイトボードに描き、付箋《ふせん》に書いて貼り出してみるだけでも妖怪モ

「モヤモヤ」と「仕事への影響」を視覚化してみよう

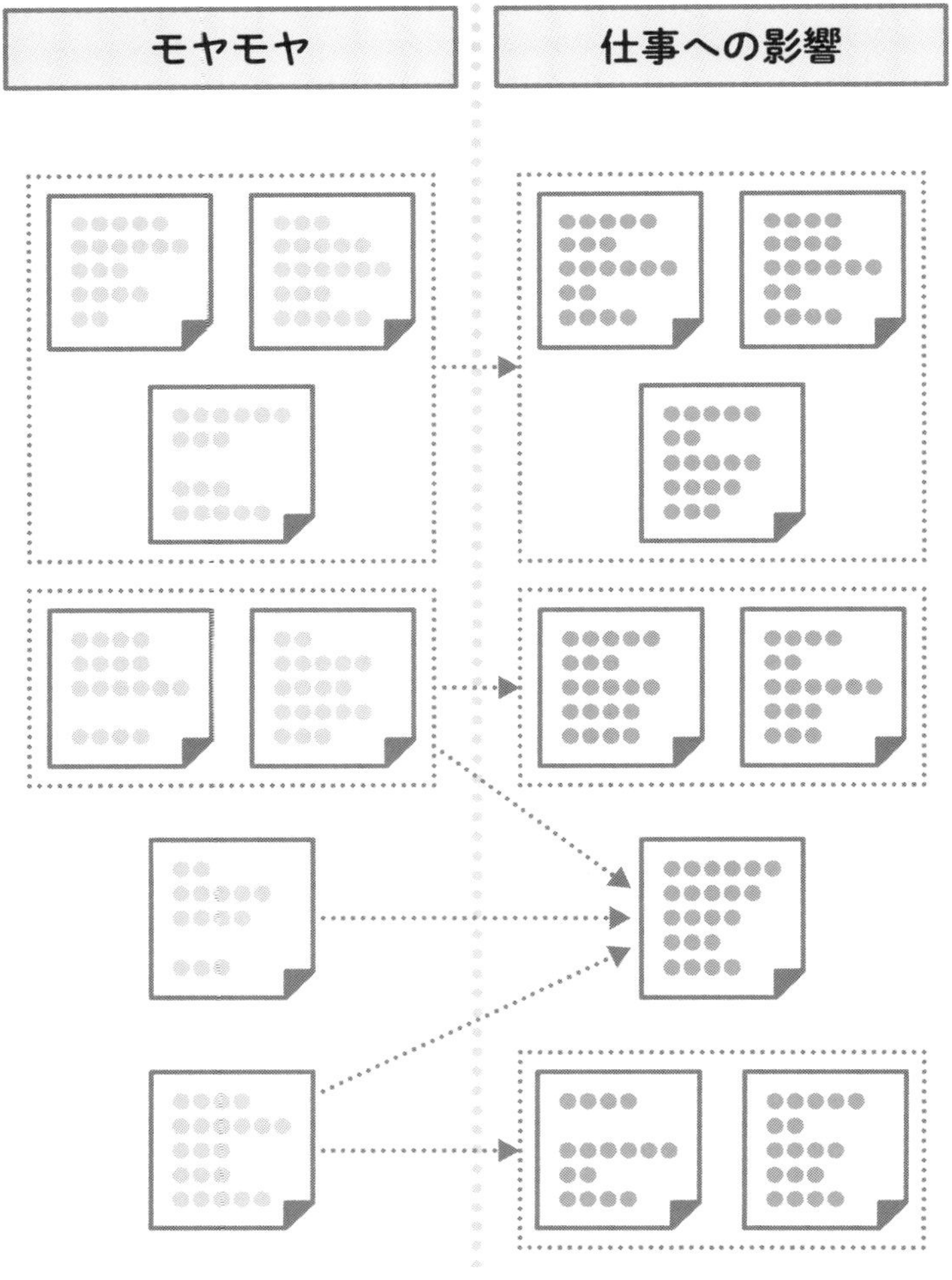

ヤモヤを視覚化することができます。できればチームメンバー全員で、あるいはひとまずあなたひとりからでも構いません。

「書き出す＝事象や原因を客観的に眺めること」でもあります。普段の仕事中の空気ではなかなか言い出しにくくても、ホワイトボードに枠組みを描いて、「みんなで書き出す」場をつくることによって「ここでは提案してもよい」雰囲気に。こうして、言語化されたモヤモヤに対して、「では、どうすればよいか？」という向き合い方を決めていきましょう。

人は**妖怪が姿を現わさないからこそ、無駄に怖がり続けてしまいます**。しかし、ひとたび姿が明らかになれば、意外と恐れるに足りない敵だったりします。無駄に怖がらず、無駄に闘おうとせずに済みます（もちろん、大騒ぎして全力で闘わなければならない相手である場合も）。人は、見えない敵を不要に恐れる生き物です。「モヤモヤを書き出す＝妖怪に名前をつけて姿を明らかにする行為」。モヤモヤさせたままにせず、きちんと名前をつけて、正しく向き合いましょう。

不確実性を自分たちなりに主体的に明らかにする行為。それを、マネジメントと言います。

マネジメントを司る人。それをマネージャーと言います。

そもそも私たちにモチベーションなんてない

これらのモヤモヤを放置して、「メンバーのモチベーションが低い」「社員のエンゲージメントが上がらない」と嘆いても始まりません。

ここで少し、モチベーションの話をしましょう。

日本のビジネスパーソンのモチベーションの低さは、ビジネス雑誌などでもたびたび話題になります。一方、少子高齢化による労働力不足および人材流動化の渦中にあって、いかに自分の会社や業界、職種に対する人々の関心を高めるのか？　どのようにチームメンバーのモチベーションやエンゲージメントを維持向上させていくのか？　それは日本の組織のマネジメントの大きな課題です。

最近では、その仕事のやり甲斐や価値、活躍するメンバーの姿を積極的に発信して採用につなげる、採用広報や技術広報に力を入れる企業も増えてきました。また、モチベーシヨンアップのための施策や福利厚生を強化する組織も増えつつあります。しかし悲しいかな、どんなにモチベーションアップを図ろうとしても、まったく効果がない／裏目に出る組織もたくさんあります。それはなぜか？

単純です。**そもそも私たちには働くモチベーションなんてない**からです。

たまたまラッキーで働き甲斐のある仕事にめぐり合えた人、高待遇の仕事ができている人、働く仲間に恵まれた人であれば、モチベーションの高い状態にあるでしょう。しかし、それは偶発的なものであったり、一過性のものであったりする可能性が極めて高い。数名のスタートアップ企業ならさておき、組織が大きければ大きいほど、個々人にとってモチベーションが高い環境をつくり出すのは難しくなります。

よって、「日本で働く人たちにモチベーションなんてない」くらいに考えたほうが、現状を正しく直視し、かつ前向きな方策を検討できます。

ではなぜ、モチベーションなんてないのでしょう？　その**原因は、日本の大組織が長らく育んできた採用モデルにあります**。日本的な新卒一括採用育成モデルが、採用する側／される側双方にとって、不確実性、すなわちモヤモヤの塊だからです。

日本型の採用モデルがモチベーションの芽を摘む

考えてもみてください。日本の多くの企業が、新卒を一括で採用してきました。最近でこそ、職種別採用をする企業も出てきましたが、まだまだ主流とは言い難いでしょう。

どの部署に配属されるか？　どんな仕事ができるか？　入社してみないとわからない。

不確実性が高い、すなわちモヤモヤを抱えた状態で学生は内定通知に対して受諾／辞退を判断しなければならないのです（世の中には、「内定を辞退するとは失礼」なる暴論を展開する人事担当者も……）。いわば、仕事内容や活躍機会の提供は会社にお任せ状態。

①部署も仕事も勤務地も選べない
②そもそも、その就職先にどんな業務や活躍機会があるのかすらわからない

こんな**モヤモヤを抱えた不安な状態からキャリアをスタート**します。この時点で、よっぽどその会社や製品が好きで入社した人（あるいは給料の高さや休暇の多さなど、待遇や福利厚生面に期待した人）でもない限り、基本的にはモチベーションは高くない状態と考えてよいでしょう。ポジティブとは言い難い状態で入社式を迎える人もいます。

・そこしか受からなかったから
・家から近いから
・大手で安定しているから

これらも、モチベーションを低めはしないにせよ、高める要素にはなりにくいでしょう。「なぜこの会社に入社したのか？　そのときの気持ちを思い出してください」のような、入社時の動機を思い出させる研修を行う大手企業があります。私はこの手の研修はまったく無意味だと思っています。

右に書いたような本音を、キラキラしたタテマエの作文で上書きさせることに何の意味があるのでしょう？　むしろ「この会社の看板（ブランド）を利用して、どんな仕事をするか？」を議論したほうがよっぽどポジティブかつ現実的です。組織のためにもなります。

話がそれました。

③転勤や単身赴任をさせられるかもしれない
④リストラや給与カットがあるかもしれない

よっぽど会社や仕事に対する愛着が高い人であればさておき、そうでない人、とりわけ「家から近いから」「大手で安定しているから」のような理由で入社した人にとって、これらはモチベーションを下げるリスク要素でしかありません。いわば、会社に対するマイナスの評価をする要因なのです。

また、たとえ入社後に天職にめぐり合えてプロ意識が芽生えたとしても、ジョブローテーションによる異動で、その道を断たれてしまう場合も。

事実、私の身の回りでも異動を機に転職をした人が何人もいます。彼ら／彼女らの転職理由は、決してネガティブではありません。プロとして自分を高めて活躍したいというような、ポジティブな動機です。会社へのエンゲージメントは異動をきっかけに下がったものの、仕事や職種へのエンゲージメントは高い状態のままであるといえます。

新卒一括採用型、仕事も活躍機会もすべて会社の仰せの通り。このような、いわゆる「就職よりも就社」といわれる日本の採用／人材配置モデルにおいては、社員のモチベーションも主体性も極めて上がりにくいのです。

構造的に、不安が大きい不確実な状態。いわば、**モヤモヤが支配している組織において、私たちマネージャーはどう振る舞えばよいのでしょうか？**

モヤモヤをなくすための3つの原則と2つの行動

この本は、日本型の採用制度や人事制度の是非を議論するものではありません。制度改革は、日本の経営者や人事部門にお任せしつつ、私たち現場のマネージャーは、いま与えられた自分のチームのパフォーマンスを良くしていかなければなりません。

現場のモヤモヤをなくしていくためにはどうしたらよいか？

3つの原則をお伝えします。

①わかりやすい振る舞い

シンプルである。わかりやすい。いずれもポジティブワードです。上司のあなたが何を考えているかわかりやすい。機嫌がわかりやすい。この組織では何を大切とするかわかりやすい。その結果、すぐに相談できる。あるいは相談するタイミングを判断しやすい。悩まなくて済む。これは部下、そして上司であるあなたのストレスをも大きく軽減します。

②積極的な情報開示

進捗がわかる。部下が提案した内容、いまどこまで検討されていてどのようなステータスなのか一目瞭然《いちもくりょうぜん》。関係する組織の、人に関する情報が共有されている。いちいち情報を取りに行かなくてもよい。積極的な情報開示と共有も、コミュニケーションを良くし、かつメンバーの主体的な行動を促す効果があります。

③主体的な想定

近い将来どんなことが起こるか？　この組織にどんな変化が発生するか？　いわゆる環境要因、他責要因についてモヤモヤをなくすのは難しいもの。さりとて、放置しておいてはメンバーのフラストレーションは上り坂に、モチベーションは下り坂に。マネージャーのあなたが主体的に観測し想定する。あるいは現状に意味付けする。これは、モヤモヤを軽減する上で十分価値のある行動です。

では、3つの原則であなたのチームのモヤモヤをなくしていくためには？　いままでの習慣や振る舞いを変えましょう。マネージャーに求められている行動は次の2つです。

①新たに何かを始める

モチベーションを上げるために、何か新しいことを始める。社内勉強会など学習機会の創出、および懇親のためのレクリエーションなど。

②いままでしてきたことをやめる

いままで何気なく、そして悪気なく行っていた組織の習慣やマネージャーとしての振る舞いをやめる／改める。

このいずれかにより、あなたの現場のモヤモヤを軽減することができます。
もちろん、全社レベルでの大げさな働き方改革や制度改正も大事。ですが、**現場のメンバーが日々悩んでモヤモヤしているのは、上司であるあなたとの関係性や、半径5メートル程度のリアリティのある世界**でしょう。逆に、その世界のモヤモヤをなくすことができるのは、社長でも本部長でもなく、現場のマネージャーのあなたなのです。

本書では、主として②、すなわち「やめること」にフォーカスします。無理にモチベーションを上げよう、コミュニケーションを良くしようと何か新たなことを始めるより、いままでの制約条件や阻害要因を排除したり、慣習を変えたりする。すなわち、**何かをやめ**

るほうがよっぽど即効性があり、実利的でもあるためです。

モチベーションを上げようとしない。むしろ、モチベーションを下げているものを排除する。

それは後の章に続くコミュニケーション、コラボレーション、生産性、そして個人と組織の育成と成長、いずれのテーマにも大きくプラスに貢献します。それぞれの章で、やめることを中心に、わかりやすい振る舞い、積極的な情報開示、主体的な想定でどう現場の景色を良くしていくか、あなたの職場のリアルに照らし合わせて考えていきましょう。

不確実性の排除、すなわちモヤモヤの排除がチームのパフォーマンス向上につながる。そしてその鍵は、マネージャーであるあなたが何をやめるかにあります。

第1章

モチベーションを下げないために、しないこと

知らないうちに部下の
やる気を削ぐ言動と改善策

5 叱るときや、ケチをつけるときにしか登場しない

叱るとき、あるいは揚げ足を取るときだけ登場する人は、おのずと敬遠されてしまいます。

➡ 69 ページ

6 下手にモチベーションを上げようとする

飲みニケーションが本当にモチベーション向上に寄与しますか？

➡ 73 ページ

7 部下の話を聞かない

部下の善意を「聞いていない」のひと言で踏みにじってはイケマセン。

➡ 81 ページ

8 部下の手柄を横取りする

優秀な部下は、成果を正しく評価してくれる会社にとっとと転職してしまいます。

➡ 86 ページ

モチベーションを下げないために、しないことリスト

1 「こんなことも、できないの？」

単なる得意／不得意の問題なのに、「できない人」のレッテルを貼るのはあまりに失礼。

➡ 48 ページ

2 「愛社精神を持て」

無理やり愛社精神を持たせようとしたところで逆効果です。

➡ 53 ページ

3 「主体性を持て」「やらされ感で仕事するな」

主体性は強制されて生まれるものではありません。

➡ 60 ページ

4 人前で叱る

本音を言いにくい空気、報連相しにくい空気、チャレンジしにくい空気……企業病の発症原因に。

➡ 66 ページ

モチベーションなんてなくて当然。だからこそ、モチベーションを無駄に下げる言動や行動は避けたいもの。

第1章では、悪気なく部下のモチベーションを下げてしまうマネージャーのNG行動と改善策をリストアップします。

「こんなことも、できないの？」

これ、悪気なく言っていませんか？　**この言葉は確実に部下、そして周りの人（派遣社員や関係部署の人など）のモチベーションを下げます。**

たとえば、新入社員や異動してきた人に仕事を任せる場合、事務作業からお願いすることも多いでしょう。ところが慣れない作業、なかなか上手くできない。そのときに発する「こんなこともできないの？」には、2つの問題があります。

①相手を〝デキない人〟だと決め付けてしまう

②その作業の価値を貶《おとし》めてしまう

その人は、ただ単に事務作業が苦手なだけかもしれません。

たとえば、技術者であれば、その人が本来価値を出すところは事務作業ではない。**単なる得意／不得意の問題なのに、〝デキない人〟のレッテルを貼るのはあまりに失礼。**その人の自己肯定感も下げてしまいます。

「この人は、自分たちの仕事をその程度にしか思っていないんだ……」

加えて、**「こんなこと＝その作業そのものや、その作業を専門でやっている人を軽んじる言動」**でもあります。上に立つ者としては、思わず言ってしまわないように気をつけたいものです。

私は、小学校4年生のときに、担任の先生から言われた心無いひと言がいまだに心を離れません。

体育の授業で、リレーに使うバトンが入ったケースを開けるよう先生から命じられました。ところが開け方がよくわからない。生まれつき手先が不器用なのも相まって、なかなか開けることができずにアタフタしている。その様子を見て、戻ってきた先生がひと言。

確実に部下のモチベーションを下げてしまいます！

「キミは、こんなのも開けられないんですか？」

クラスメイトの前で、〝デキない子〟扱いされた私は相当傷つきました。

では私たち、とりわけ人の上に立つマネージャーはどのような行動を心がけたらよいでしょうか？

改善行動の例

「こんなこともできないの？」

その気持ちをそのまま言葉にするのはちょっと待った。代わりに、こう言ってみましょうか。

「苦手なら言って」

「難しそうなら、○○さん（その作業や仕事を得意とする人）に相談するといいよ。僕から○○さんにも声をかけておいたから」

こんなひと言、および気遣いがあるだけでも、相手は安心感を持って未知な作業や仕事に取り組むことができます。

とはいえ、「苦手」「難しそう」と声を上げられない人もいます。責任感が強い人、中途採用で入社した経験者などであればなおのこと。

「10分悩んでわからなかったら、声をかけて」

このように、ヘルプの声を上げる「Ｗｈｅｎ条件（～したとき）」「Ｉｆ条件（～ならば）」を示すのもよいでしょう。

ある金融機関の支店長は「10分ルール」を実施しているそうです。

「10分悩んでわからないものは、自己解決できない。悩むだけ無駄」

こう言い切る彼自身、10分悩んで答えが出ないときは「ああ、10分悩んだけれどわからない。誰か相談にのって！」と声をあげるそうです。これを習慣化した結果、部下も「すみません。10分悩んだのですがわからないので、相談にのってください」と躊躇《ちゅうちょ》せず「ヘルプ！」を言うようになったとのこと。職場の空気はこうして変わっていくものです。

このように定量的な基準を設けるのも、無駄にひとりで悩まない組織風土を生み出すための良い工夫です。

ひとりで悩む。誰も気づいてくれないし、助けてくれない。そのモヤモヤは、周りの人たちと組織そのものへのエンゲージメントを下げます。

「愛社精神を持て」

「愛社精神を持て」
「あなたは（自社）製品に対する愛が足りない」

エンゲージメントの重要性が叫ばれる昨今、会社への帰属意識、いわゆる愛社精神を高める取り組みが行われるようになった組織もあります。ところが、**無理やり愛社精神を持たせようとしたところで逆効果**です。なぜなら本当の愛社精神とは、受け手、すなわち社員が自分の中から発する気持ちにほかならないからです。

さて、あなたは経営者や会社を思わんばかりに、ついつい冒頭のような言葉を発していないでしょうか？　会社や部署に対する感謝を強要していませんか？

プライベートなシーンでたとえてみましょう。

「私を好きになりなさい」
「キミは僕と結婚したまえ」

あなたはそう言われて、その相手と付き合いたいという気持ちが湧くでしょうか？　結婚したいと思うでしょうか？　なんだか「ブラック」な匂いがプンプンしませんか？

「この人と結婚したら、支配されるに違いない……」

そう警戒し、去っていくことでしょう。もちろん、支配されるのがラクで心地良いと感

強要するほど部下の心は離れていってしまいます

じる人はその限りではありませんが……。

その人や組織を好きになるかどうかは、相手が決めるもの。特に「そこしか受からなかったから入社した」「家から近くて通いやすかったから入った」「単に生活を支えるために仕事をしている（いわゆるライスワーク）」など、好きで入社したわけでなければなおのこと。そもそも会社を好きになろうなどと思っていないですし、愛なんて必要ないと思っています。

そこに愛社精神を押し付けようとしても、相手は遠ざかって当然。「愛社精神を持て」と強要されればされるほど、社訓を唱和させられればさせられるほど、社員の心にはむしろ退社精神がすくすくと育つのです。

改善行動の例

仕事の価値は相手が決めるもの。あなたの組織を好きになるかどうかも、相手が決めるものです。

相手（ここでは部下）に組織を好きになってもらうには、情報の発信、権限の委譲と評価、環境の改善の３つが大事です。

①情報の発信

・会社のビジョン、ミッション、ポリシー、大切にすることなどを発信する（無理やり唱和させるなどではなく）
・会社や部署の経営状況を発信する
・あなたがマネージャーとして大切にしていることを発信する
・商品情報を共有する

②権限の委譲と評価

・部下に仕事をきちんと任せる
・部下の興味がある仕事、好きな仕事、得意な仕事を任せる
・たとえ苦手な仕事を任せても、きちんとフォローして成長を感じられるようにする

・仕事に取り組む姿勢や成長を褒《ほ》める。評価する

③環境の改善

・十分な執務スペースを整備する
・設備や什器《じゅうき》が整っている
・きちんと清掃されている

情報を与えられない「モヤモヤ」状態では、その対象物に愛着を持つことはできません。逆に、いままで知らなかったことを知ることで、興味が湧くこともあります。

社員や仕事をともにする外部のパートナー（グループ会社社員、派遣社員、協力会社のスタッフなど）に対して、自社理解（方針、製品・サービス、人、制度、歴史など）と帰属意識を促進する取り組みをインターナルブランディング（またはインナーブランディング）と言います。たとえば社内報や社内ＳＮＳなどはインターナルブランディングの取り組みのひとつです。**会社のこと、人のこと、製品のこと。メンバーがこれらの情報に触れる機会をつくっていきましょう。**

商品に対する愛着を高めるには、開発者の秘話を共有したり、企画や開発に携わった社員に思いや苦労談を語ってもらったりするのもひとつです。「社員ならでは」「中の人ならでは」のエピソードはメンバーにプレミアム感を与え、愛着を醸成します。

ある自動車会社で、本社スタッフ（派遣会社、協力会社スタッフなども含む）限定の試乗会を行った結果、スタッフの商品理解と仕事への愛着が高まりました。

普段、直接商品に触れることがない本社スタッフは商品知識もなく、仕事への思いも熱も冷めてしまいがちです。その状態で一方的に商品を押し付けられても、営業担当者も宣伝担当者も愛着を持ちにくいもの。営業事務などのバックオフィスのスタッフであっても、触れたことのある商品であれば誇りを持って仕事に取り組むことができるでしょう。

部下への権限委譲と評価も、マネージャーとして大事な行動です。情報を共有してくれる、仕事を任せてくれる。それは「あなたを信頼しています」のメッセージです。人は自分を信頼してくれる相手を信頼するもの（いわゆる「返報性の法則」）。好きになってほしいなら、まず相手を信頼しましょう。そして、相手の仕事に取り組む姿勢や成長、変化をきちんと褒めて評価するのも大事。そこから愛着が生まれるケースも多々あります。

仕事をする環境にも気を配りたいですね。ボロボロのパソコンしか与えられず、隣の人と肩がぶつかるような狭いオフィスに押し込まれてモチベーションが上がるでしょうか？ボールペン1本まともに買ってもらえない（あるいは、いちいち面倒な稟議が必要な）ケチな職場に愛着を持つことができるでしょうか？

環境を良くする。それには、「あなたをリスペクトしています」「あなたの仕事を会社は大切に思っています」の意味があります。

愛を強要する前に、愛される努力と工夫をしてください。

「主体性を持て」「やらされ感で仕事するな」

主体性。これもまた愛社精神と同様に、上から押し付けられるほど冷めていくもののひとつです。

第三者を人事評価する上で「○○さんは主体性がない」と嘆くのはまだ理解できますが、本人に面と向かって「あなたは主体性がない」と言うのはいかがなものでしょう？

主体性も、愛社精神と同じ。強制されて生まれるものではありません。価値は相手が決めるもの。本当の主体性とは、自分の中から気持ちを発して持つものです。

最悪なのは、主体性を本人のやる気と結びつけるケース。

「主体性がない。それは、あなたのやる気がないからだ」

出ました！　日本の組織のお家芸、気合・根性論。そういうことを言うから、あなたの組織はますます嫌われるのです（苦笑）。

「主体性を持て」
「主体性がない」

この嘆き、叱責、いますぐやめてください。

根性論を押し付けても部下の気持ちが冷めるだけ

改善行動の例

基本は「愛社精神」と同じです。情報の発信、権限の委譲と評価、環境の改善の3つが大事です。ここでは「やめる」を軸に、もう少し深掘りしてみましょう。

●事細かに指示するのをやめる

メンバーにお願いした仕事。任せると言った割に、事細かに指示をする。それでは、相手は主体性を持って仕事に取り組むことができません。任せたふりをして、相手の主体性を奪っているのです。あなたにそのつもりがなくても、相手はそう感じることでしょう。

●とやかく口を挟まない

たとえば会議の議事進行。「司会進行は任せるよ」と言ったのに、「こうしたほうがいい」「進め方を変えたら」などといちいち口を挟む。これでは相手は主体性を持つどころか、不快な気持ちになります。

それでも指示したほうがよいと思われるときや、口を挟みたくなる場合はどうするか？

●介入条件を示す

「予算をオーバーしそうだと私が判断したら、忠告するよ」

「1週間経っても成果物が出てこなかったら、そのときは口出しするね」

このような具体的な介入条件を示しておけば、相手も不快な気持ちを持つことなく安心して仕事を進めることができるでしょう。

●相手がヘルプの声をあげるガイドラインを示す

「進め方に悩んだら相談して」

「技術的な考察は得意だから、いつでも僕を頼ってね」

あなたが口を挟むのではなく、相手があなたの助けや関与を求めやすいよう環境を整えるのもマネージャーの役割。メンバーに「あなたの使い方」を率先して提示しましょう。

細かく指示したくなる気持ち、口を挟みたくなる気持ち。とてもよくわかります。しかし、それをやってしまうと相手は指示待ち人間になります。なぜなら、無力感しか持ち得ないからです。

「主体性を持って進めたところで、どうせケチをつけられる」

ならば、始めから指示を待っていたほうが精神的にも肉体的にもラクですよね。

「主体性を持て」を言う前に深呼吸。相手の主体性を奪っている要因がないかを考え、主体性を持って排除していってください。

人前で叱る

人前で叱る行為も、部下のモチベーションを順調に奪います。本音を言いにくい空気、報連相しにくい空気、チャレンジしにくい空気……このような企業病を次々に発症させます。

「この課長、人前で叱る人なんだ……」

この悪評は瞬く間に広がり、あなたのもとで仕事をしたがる人を遠ざけます。その結果、主体性のないイエスマンや、向上心やチャレンジ精神を押し殺して休憩時間に転職サイトを漁《あさ》る部下が増えます。

モチベーションの問題にとどまりません。組織のリスク管理上の問題も。

「叱られるから、報告するのをやめておこう」
「この程度のミス、隠しておこう」

こうして、**ミスや「ヒヤリ」「ハット」が顕在化しにくく、隠蔽《いんぺい》体質まっしぐら**に。

コンプライアンスにも関わる大きな問題です。

私は「セキュリティインシデント（※）・ゼロ！」を必達目標に掲げた結果、セキュリティインシデントやヒヤリ、ハットを見事に隠すようになった部署を知っています。社員は「これ、セキュリティインシデントじゃないですよね？　違いますよね？」といったような社内交渉や接待（！）に明け暮れる始末。ヘルシーではありません。そのカロリー、本業に使いたいですよね。

※セキュリティインシデント：セキュリティ上の脅威となる出来事や案件

改善行動の例

「褒めるときは人前で、厳しい指摘は一対一で」

あなた自身が会社の空気を悪くしてしまいます

このくらいのポリシーで接してください（ただし、一対一で指摘する場合、最近ではハラスメント防止の観点で、外から何が行われているかわかりやすいように、ガラス張りの個室で行うことが推奨されることも）。

私はＩＴ企業でのシステム運用保守のマネージャー経験がありますが、風通しの良い職場には大きな共通点があります。部下からの報告に対し、上位者が必ず「ありがとう」を言っているのです。ミスを報告してくれてありがとう。ヒヤリ、ハットを共有してくれてありがとう。この相互リスペクトが、報連相や雑談が生まれやすい空気をつくります。

意見しやすい職場をつくることは上司の責任であり、組織全体のリスクマネジメントにも。組織風土はマネージャーの振る舞いによって決まります。

叱るときや、ケチをつけるときにしか登場しない

厳しい指導やレビューミーティングなどでの駄目出し。あなたは、**部下を叱るときやケチをつけるときだけ登場していませんか？**

叱るとき、あるいは揚げ足を取るときだけ登場する人は、おのずと敬遠されてしまいます。また「この人は私の良いところは見てくれないのか」と思われ、信頼感の喪失にもつながります。

揚げ足を取る（いわゆる「マウンティング行為」のひとつ）ときにしか登場しない人とは、距離を置きたくなるものです。

「普段良いことも言っているつもりなのに、それは無視かよ！」

こんな気持ちにもなります。

とはいえ、とても忙しいマネージャーのあなた。どうしても登場するのは差戻しや駄目出しをするシーンに限定されてしまいがち。では、どうしたらよいでしょうか？

改善行動の例

・ポジティブなシーンにこそ登場する
・「1叱り3褒め」を実践する（ひとつ叱ったら、その後最低3つは相手の行動や成果を

駄目出しばかりの相手とは距離を置きたくなるもの

褒めるようにする）

こうした心がけで、部下との信頼関係を維持しているマネージャーもいます。

あるアミューズメント企業のお話をしましょう。日本全国にテーマパークや遊戯施設を展開している会社です。その事業本部長は、全国の店舗に出張して店長と接見する際、こんなことを心がけているそうです。

「ポジティブなことを言う」

彼が店長と話す時間は、相手によっては年に5分か10分。その時間をネガティブに使ったら、彼の印象もネガティブになり、当然店長の仕事に対するモチベーションも下がります。接する時間が短いからこそ、ポジティブに振る舞う。これを心がけているとのこと。その事業部の従業員満足度は高いそうです。

ＳＮＳの世界でもそうですよね。揚げ足を取ってばかりいる人は嫌われますが、いつも共感のコメントを残したり、「いいね」してくれたりする相手であれば、たまの辛辣《しんらつ》な意見も素直に聞き入れられるもの。信頼関係とはそういうものです。会社組織の人間関係も同じ。普段から、相手の良いところを見るよう心がけておくと、厳しいことも言いやすくなり、かつ聞き入れられやすくなります。

下手にモチベーションを上げようとする

「部下のモチベーションを上げよう」
「チームの一体感を高めよう」

いまや日本のあらゆる職場で言われるようになりました。中には、モチベーション向上プロジェクトを全社レベルで立ち上げる企業も。そして、現場のマネージャー層から必ずといっていいほど出てくるのが次のセリフ。

「やっぱり、飲みニケーションが大事だ！」
「毎週、飲み会をやろう！」

ちょっと待ってください。**飲みニケーションが本当にモチベーション向上に寄与しますか？**　毎週の飲み会、社員の負担になるのでは？　あなたが飲みたいだけでは？

「休日にみんなでバーベキュー大会をやろう」

なども然り。そのお祭り騒ぎ、かえって部下のモチベーションを下げている可能性もあります。

え、そんなことはないって？　では、現場の若手／中堅社員の生の声をいくつか紹介します。

現場の声

「ただでさえ忙しいのに、毎週飲み会とか勘弁してほしい」

「7時過ぎまで残業して、そこから深夜まで飲み会とか何の拷問ですか」

「初任給が安く、働き方改革ブームの煽《あお》りの残業削減で手取りが減る一方。飲み会の出費が痛過ぎる……」

そのイベント、単にあなたがやりたいだけなのでは？

「定時後は、社外の人たちとの勉強会に参加したいのに……」

「子どもの保育園のお迎えと家事があるから、飲み会には参加できない。疎外感しかない」

「なぜ定時後にお金払ってまで、上司やお偉いさんの自慢話、説教に付き合わされなければならんのだ」

「別に職場に懇親を求めていない。淡々と仕事してお金をもらえればそれでよい」

「その場は盛り上がっても、翌日はお互い何もなかったかのように無関心でシーンとしている、あの空気がたまらなくイヤ」

「そもそも社員は客先常駐ばかりで自社にいない。無理やり集められて飲んだところで、共通の話題がないし会話も続かない……」


いかがでしょうか?

多様化（ダイバーシティ）が進む昨今、個人の職場との関わり方も多様化しています。

「働き方改革」「終身雇用の崩壊」など、**環境変化により会社での過ごし方やプライベートの過ごし方も変わってきています**。そのような時代にあって、飲みニケーションによる職場の課題解決の効用は弱まりつつあるのです。

もちろん、飲み会の効果を否定しているわけではありません。お酒はコミュニケーションや人間関係を円滑にしますし、気の合う仲間との美味しい食事やお酒を交えたひとときは人生を豊かにします（私も大好きです）。しかし、旧来の体育会主義の飲みの強制は逆効果になりかねないのです。

飲みニケーションによる人間関係構築プロセスには、２パターンあります。

①お酒の場で打ち解けて→お互いのことを知るようになり→仕事で意気投合するようになる

②仕事で意気投合し→お互いのことを知りたくなり→一緒にお酒を飲みたくなる

「飲みニケーションで、職場の人間関係を良くしよう！」

これは、①のパターンを目論《もくろ》んでいることが多い。しかし、その場で十分な自己開示が行われるとは限りません。普段会話のない者同士、実は仕事上の接点もない人同士、共通のテーマを探すだけで手一杯。あるいは無難な話だけで終わってしまうことも。そもそも、飲み会に参加するハードルすら高くなりつつある。

②にも目を向けてみましょう。①とは真逆のベクトルです。仕事を通じて、相手に興味を持ち、自分も自己開示したくなり、そこから飲み会に発展する。これは仕事の面でも、プライベートの面でも極めてヘルシーなプロセスです。

インターネットの世界ではたびたび「オフ会」なるものが行われています。同じ趣味や関心の人がインターネット上で意見交換や情報交換をし、たまにオフの場（＝リアルの世界）で集まって飲み会や懇親会を行うものです。相手の考え方や専門性がわかっている。インターネット上のやりとりを通じて「この人、すごい技術を持っている！」ことを知っている。だから、会って飲んでみたくなる。実にすがすがしいプロセスです。

逆に、別に興味もなく、敬意のない相手と無理やり飲まされてもお互い気を遣うだけで、時間の無駄になってしまうでしょう。

改善行動の例

ずばり、

わざわざモチベーションを上げようとしない。

率直に言います。わざわざ飲み会をやるくらいなら、それよりも日々の仕事の中でモチベーションを下げている仕事や慣習をやめたほうが、よっぽどモチベーション維持向上の効果があります。

・形骸化した朝礼をやめてみる
・電話対応をやめてみる(あるいは当番制にして、電話に出なくてもいい時間帯や日をつくる)
・日報をやめる／メッセンジャーによる簡易報告に切り替える
・ハンコをやめて、電子承認にする
・会議時の紙の資料配布をやめる
・部内会議の資料作成をやめる。テキストメモの箇条書きで良しとする
・みんながめんどくさいと思っている仕事をやめる／アウトソースする

モチベーションの上がり方は十人十色です。飲み会や運動会でモチベーションが上がる

人もいれば、下がる人もいます。オフタイムでのバーベキュー大会。準備させられる人たちは実は嫌がっているかもしれません(あの手の準備作業や調理作業が苦手/嫌いな人も)。あなたの価値観で相手のモチベーションを判断しない。これが何より大事です。

それよりも、本業である仕事においてみんなの本来価値の発揮を妨げているハードルや「仕事ごっこ」をなくす。たとえモチベーションは上がらなくても、モチベーション低下を防ぐことはできます。〝わざわざ〟やっている何かをなくす。これは生産性やモチベーション向上のポイントです。

とはいえ、**適度な飲みニケーションや懇親の場が潤滑油になることもまた事実。**

・定時内の休憩時間にみんなでお菓子をつまむ
・飲み会ではなくランチ会にする
・飲み会は会社や部門が費用負担する
・すべて準備してくれるお店を選ぶ(幹事、参加者が、準備や調理、取り分けをしなくてよい)
・社員食堂やケータリングを利用して、参加者の費用負担を少なくする

・飲み会をやるときは、仕事を早め（15時、16時など）に切り上げて、なるべく定時時間内で開催する

そして

・部下に絶対に説教しない！
・部下にお酌を強要しない！（あなた自らが「今日は各自手酌でいきましょう！」と宣言するのも効果的。そうでも言わないと、部下は忖度し始めますから）

このような工夫で、飲み会をよりたくさんの人が集まりコミュニケーションに集中できる場に変えた職場もあります。

部下の話を聞かない

「聞いていない」が口癖のマネージャーは要注意！

「聞いていない＝相手に興味がないこと」。暗にそう示しています。何より、コミュニケーション不具合の責任の所在をすべて相手に押し付けています。

・部下はきちんと報告している。それにもかかわらずあなたが忘れてしまっただけ
・部下が送ったメールやメッセンジャーを読んでいない／見落としている
・聞き漏らしている
・そもそも、あなたが席にいなくて部下があなたに声をかける隙がなかった

このように、あなたに原因があるケースも多々あります。

・部下はたったいま入った情報を、速やかにあなたに共有したに過ぎない（よって、あなたはまだ聞いていなくて当然）。

そのようなケースも考えられます。部下の善意を「聞いていない」のひと言で踏みにじってはイケマセン。

コミュニケーションの不具合はあなたの責任です

改善行動の例

まずは感謝のひと言を。

「報告してくれてありがとう」

あるいは、自分に否がある可能性を勘案して、

「ごめん。もしかしたら、私が忘れているかもしれないのだけれども……」

このフレーズを冒頭に付けるだけで、あなたの印象ががらりと変わります。部下もマネージャーのあなたが忙しいのはよくわかっているはず。開き直って「聞いていない！」と相手のせいにするか、「ありがとう」「ごめんね」で相手に寄り添えるかで、部下のモチベーションもその後の行動も大きく変わります。

人間、忘れることはあります。そんなときやその可能性が考えられるときに、**「ごめん**

なさい」と謝れるかどうか。ここにマネージャーの徳の差が出ます。「部下に謝るとなめられるのではないか」と思う人もいるかもしれません。しかし、素直に自分の非を認めることのできる上司のほうが、結果として信頼されます。

もちろん、「聞いていない」をくり返さないための再発防止策の検討と実践もお忘れなく。

・週1回1時間は報連相の時間を固定で設ける
・ホワイトボードにメンバー各自が気になったこと、相談したいことを書き留める。1日1回時間を決めて、あなたが必ず確認。あなたからメンバーに声をかけるようにする
・共通の課題管理簿を作成、運用して忘却を防ぐ（課題管理の機能を提供するITサービスを利用する方法も）
・メッセンジャー（「Teams（チームズ）」や「Slack（スラック）」などが有名）を使い、仕事に関する情報共有、相談、申し送りをテキストで行う

このような仕掛けによる工夫も大事です。

いちいちメンバー全員（あるいは個別に）を呼んで情報共有や進捗確認をしていては、時間も手間もかかります。その都度、仕事の手を止められるのではあなたも部下もたまったものではありません。個人の気配りや注意力に依存し過ぎず、仕掛けでもって「聞いていない」「言いました」をなくしていきましょう。

部下の手柄を横取りする

部下の成果を、さも自分がやったかのようにドヤ顔で語るマネージャーがいます。

これまた、メンバーのモチベーションを大きく下げる行動。

「え、私もかつて上司にそうされて育ってきた」
「そうやって悔しい思いをして、昇進しようと努力するものなのだ」

ううむ。ヘルシーではないですね……。昔はどうあれ、いまは優秀な人はそんな理不尽な回り道をするくらいなら、成果を正しく評価してくれる会社にとっとと転職してしまいます。

さすがに、そこまでひどい行動はしない？　では、次の例はどうでしょう。

あなたは役員向けにプレゼンをすることになりました。でも、自分ではうまく資料を作ることができない。そこで、派遣社員のAさんにプレゼン資料の作成をお願いした。彼女はデザインセンスも表現力もあり、資料をとても綺麗に仕上げてくれた。おかげで、役員プレゼンは大好評。

「そのグラフ、とてもわかりやすいね」

「明るくて、見やすいじゃない」

副社長や取締役からもお褒めをいただいた。ところがAさんは……

「あの資料、良かったのかしら悪かったのかしら」

本人には何のフィードバックもない。それどころか、プレゼンが終わったのかど

部下の手柄を横取りしてまで認められたいですか？

うかすら知らされていない。いきなり「ここ直して」と言われても、気持ちを切り替えて思い出すのに時間がかかるし、早く資料のことは忘れて次の仕事に集中したいのだけれども……。

Aさんはモヤモヤしたまま、定時終了時刻を迎えようとしています。

改善行動の例

「手柄は部下に。ただし、失敗の責任は上司が取る」

マネージャーにはこれくらいの気概が欲しいもの。

そもそも、きちんと評価してくれる上司（すなわちマネージャーのあなたのそのまた上司）であれば、そのチームの手柄があなたひとりのものでないことはわかっているはずです。それを自分の手柄だとアピールしようとすればするほど、あなた自身の評価が下がります。

もし仮に、そうでもしないとあなたを評価してくれない上司がいるとしたら、それは……。

・日頃から、あなた自身による部下のＰＲが足りていない
・メンバーが活躍する機会を与えていない

これらが原因かもしれません。あるいはあなたの上司がマネージャー失格かもしれません（あなたが転職するのも良いかもしれませんね）。

メンバーの成長や活躍ぶりを、日頃から上司や周囲に発信してください。また、メンバーを主役に立ててください。

たとえメンバーが表舞台に立たない仕事であっても、その成果や経過はあなたからきちんとメンバーにフィードバックすること。

「あの資料、とても評価が高かったよ」
「グラフの色使いが良いって褒められたよ」
「資料の左上に番号を振ってくれたの、あれ良かったね。おかげで、質疑応答がとてもスムーズにいったよ。ありがとう」

こんなひと言があるだけでも、メンバーのモチベーションと仕事に対するエンゲージメントは高まるものです。

第2章

円滑な
コミュニケーション
のために、しないこと

あなたのその行動が、
職場の空気をドンヨリさせる

5 「キミの考えは聞いていない」

相手の主体性をじわじわ奪い、選択的受け身の姿勢を生み出すパワーフレーズ。

➡ 117 ページ

6 「キミたちは幸せだ……」「俺たちの若い頃は……」

幸せかどうかは本人が決めるものです。

➡ 121 ページ

7 「自由に意見を言って」

そのひと言で自由な意見が出たことがありますか？

➡ 126 ページ

8 「対面で言え」

部下は、対面で打ち合わせできるタイミングを探すだけでも一苦労です。

➡ 134 ページ

9 正論を押し付ける

まぶし過ぎるマネージャーがチーム内のコミュニケーションを微妙にすることも。

➡ 137 ページ

円滑な**コミュニケーション**のために、

しないことリスト

1 「報連相がなっていない！」

「報連相する甲斐がない」マネージャーになっていませんか？

➡ 96 ページ

2 「言い訳をするな！」

言い訳を（も）正しく言える風土をつくるのもマネージャーの仕事です。

➡ 102 ページ

3 「話があるから、夕方時間空けておいて」

部下をモヤモヤさせる威力抜群のフレーズ。

➡ 107 ページ

4 機嫌が悪い

これだけで「めんどくさいマネージャー」認定されてしまいます。

➡ 110 ページ

「コミュニケーションに課題がある」

多くの企業経営者やマネージャーが口にするフレーズです。しかし、コミュニケーションを悪くしている原因が、マネージャー自身の行動にあることも。

第2章では、あなたの職場のコミュニケーションの風通しを良くするために「やめること」をピックアップします。

「報連相がなっていない！」

こう声を荒げるマネージャーがいます。

一見、部下のスキルに問題がありそうに聞こえますが、実はその原因はマネージャーにあることも。またまた、部下の言い分を聞いてみましょう。

現場の声

「報告しても、まともに取り合ってくれない」

「連絡しても忘れられる」

「聞き流されるだけ。アドバイスも感想すらももらえない」

「めんどくさそうに対応される」

「相談しても、『自分で考えろ！』と言われる」

「いつも『忙しいから、後にして！』と言われる」

「そのくせ、自分（部下）が忙しくて後にしてほしい旨を伝えると、機嫌を損ねる」


やはり、どうやら報連相を受けるマネージャー側にも問題がありそうです。

なぜ、あなたに報連相しないのか？　ひと言で言うと**「あなたに報連相する甲斐がない」**からです。

そういえば、こんな声も聞きました。


「気を遣って、手短に結論から話そうとしたら『イラッとする』と言われた……」


もはや人としてどうかと思います。

最近は、報連相のスキルが高い新入社員も増えています。私たち（私は1975年生ま

あなたに報連相しても意味がないと思われているかも

れです）が社会人になったときに比べて、格段に新入社員研修のクオリティも上がりました。

入社時、あるいは学生時代にプレゼンテーションやロジカルコミュニケーションのトレーニングを受け、プレゼンテーション慣れしている人も大勢います。学生時代、企業とのコラボレーションプロジェクトですでに仕事を体験している人も。

ところが、報連相を受ける側、すなわち上司や先輩社員がそのような教育を受けてきていない。いわば、**気合と根性と気分で乗り切ってきてしまった。その結果、報連相を適切に受け止めることができない**のです。どんなに報連相する側のスキルやメンタリティを強化しても、受け取るほうがグダグダではコミュニケーションは成り立ちません。

こうして、**「実はデキるのに、能力を発揮できない」**部下が生まれます（新入社員研修は、新入社員を受け入れる先輩社員にこそ必要ではないかと思うくらいです）。

改善行動の例

とにかく、**あなた自身が報連相を受ける環境を整えてください**。

・毎日あるいは週1回、報連相タイムを設け、そのスケジュールをメンバーにも公

開する

・あなたが職場を歩き回って、部下に「御用聞き」をする

・ITツール（グループウェアやメッセンジャー）を使い、お互いの都合の良いタイミングに、テキスト（メッセージ）で報連相し合えるようにする

・忙しくて報連相を断るときは、「ではいつならOKか？」という代替日程を自ら提示する

これを心がけるだけで、メンバーは報連相をしやすくなります。

報連相の受け方にも気配りが必要。「おひたし」が大事といわれます。

お：怒らない

ひ：否定しない

た：助ける

し：指導する

これができるマネージャーには、メンバーは安心して報連相できるでしょう。

そして、できれば**報連相の内容やキーワードを、あなたがホワイトボードに書きながら受けてください**。

自ら書き出すことで、あなた自身の理解促進にもなりますし、お互いの誤解を防ぐこともできます。書く行為により、メンバーから受けた報連相の内容をあなたの心に刻みやすくなります。「聞いていない」の予防にも。

ホワイトボードに書き出す効果はそれだけではありません。相手の言葉を率先して書き留めることで、相手は自分の発言を受け止めてもらった気持ちになります。すなわち、**信頼関係の醸成**に。

また、書き出された情報は客観化されます。肩を並べて一緒にホワイトボードの文字を眺めることで、あなたとメンバーは上下関係ではなく、その事象に対してともに悩みの解決を目指すパートナーの関係に。これは、「おひたし」の「た：助ける」に寄与します。

報連相を受けるときのポイントをもうひとつ。**あなたからもメンバーに報連相をし**

ましょう。

仕事に関わる重要な変更や、あなたが部下からボールを受け取っている審議案件の進捗など、あなたから率先して部下に報告をするようにしてください。

「部下には報告を求めるくせに、上司が持っている仕事の進捗状況は不透明……」

この状況は不公平感を生み、部下を無駄にモヤモヤさせます。

「言い訳をするな！」

マネージャーのあなたがこれを言ってしまったら、そこで試合終了です。

そもそも言い訳とは何か？

その仕事がうまくいかなかった理由や背景です。その情報をパワーバランスで抑圧してしまうのは、組織としてヘルシーではありません。コンプライアンスリスクを増長させます。

「言い訳をするな！」

これを言われ続けたメンバーはどうなるか？　気合と根性でその場をナントカするメンタリティしか身につきません。そして、**気合と根性の対処法は、本人に属人化します**。つまり、その人でないとできない仕事をどんどん生んでしまう。その結果、ほかの人が同じミスをくり返すかもしれません。その仕事の注意点や勘所、進め方が属人化していて後任に育成されないからです。そうしてまたしても、「言い訳をするな！」でミスをした人を叱責することをくり返す。

学ばない組織、同じ失敗をくり返すチームの出来上がり！

組織として実に脆弱《ぜいじゃく》で、なおかつメンバーの心をモヤモヤさせます。

改善行動の例

言い訳は、改善のためのヒントの宝庫です。マネージャーのあなたは、決してこれを抑圧したり、握りつぶしたりしてはイケマセン。マネージャーとてメンバーからすれば身内です。その身内が言い訳を聞いてくれなくて、いったいほかの誰が受け止めてくれる

言い訳の中には改善のヒントが隠されています

でしょうか？

「言い訳をするな！」はご法度《はっと》。メンバーの言い分にきちんと耳を傾け、まず受け止めてください。そして、言い訳を正しく分析して改善につなげてください。

ここでもホワイトボードが役に立ちます。

メンバーから言い訳の説明を受ける際、ホワイトボードに２つの枠を書いてみましょう。

「他責要因」と「自責要因」と書いた枠。

言い訳のうち、他責、すなわち環境要因やお客様側の責任など、メンバー自身ではどうしようもないと思われるものは「他責要因」に書き出します。また、メンバー個人のミスや努力不足、スキル不足によるものと思われるものは「自責要因」に分類します。

このアプローチのメリットは２つです。

・組織として適切に再発防止策を検討することができる

・メンバーが正しく救われる

失敗の振り返りや分析は、ともすれば当事者の注意力不足、スキル不足など個人の問題に帰してしまいがちです。「自責で考えない人は成長しない」なる考えを掲げている組織ほど、その傾向が強い。しかし、それでは本人は成長するかもしれませんが、組織としては正しく成長しません。

人はミスをする生き物です。環境や仕組みを変えないことには、また同じミスをくり返すかもしれません。個人の責任にして、組織として守ろうとしないのは不健康です。仕組みや仕掛けでもって、同じ失敗をくり返さないよう、他責要因も正しく洗い出すようにしましょう。何より、「他責要因も指摘してよい」という空気感が、失敗をしてしまったメンバーの心に安心感をもたらします。

当事者同士でやりにくければ、ファシリテーターを立てて「他責要因」「自責要因」の書き出しと再発防止策の検討を行うのも手です。

行き過ぎた自責主義は、組織の成長を妨げます。

「話があるから、夕方時間空けておいて」

これを上司から朝イチで言われたら、あなたはどんな気持ちになるでしょうか？

――いったい何の件だろう。あの案件？　いや、もしかしたらこの件？　私、何かマズいことしたかな？　いや、それとももしかしたら良い知らせかもしれない……。

ナイーブな人であれば、夕方までモヤモヤして仕事に集中できないのではないでしょうか。そのくらい、相手をモヤモヤさせる威力のあるフレーズです。

なのに、これ悪気なくメンバーに言っていませんか？　そして、肝心の要件はといえば……、

「忘年会の幹事、あなたにお願いしたいのだけれど……」

――え、え、えええっ!? そんなことのために、私は1日モヤモヤさせられたのですか?

人事異動の話など、本当に重要かつ秘匿《ひとく》性の高いものはさておき、そうでない用件までベールに包んで引っ張るのはいかがなものでしょうか?

改善行動の例

せめてどういう用件なのか、**要点を最初に相手に伝えてから予定を確保**しましょう。キーワードレベルでも構いません。

「(○○さん。)プロジェクトの予算削減余地について、相談したい」
「(○曜日に、)来週の国際会議の準備の進捗を確認したい」
「新しい仕事をひとつお願いしたいから、相談させて」

それだけでも、徒に相手をモヤモヤさせることがなくなります。また、相手は前もって

あなたのひと言で部下は１日中モヤモヤした気分に

準備をすることができます。すなわち、打ち合わせの生産性も上がります。

秘匿性の高い話で、要点すら伝えるのが憚《はばか》られる場合は、せめてヒントでも。あるいはなるべく間をおかず、すぐ話をするようにしましょう。

機嫌が悪い

「あの部長は、機嫌に左右される」

「課長、機嫌を損ねると手が付けられないんですよね……」

常に機嫌が悪い、あるいは感情の起伏が激しいマネージャーがいます。**感情があるのは人として当たり前ですが、それを仕事に持ち込み悪影響をもたらすとなると考えもの。**

特にメンバーがマネージャーに「悪い報告」をしなければならないときなどは、本当に厄介。マネージャーの機嫌の良さそうなタイミングを伺わないといけない(さもないと「地雷を踏む」)など、メンバーは無駄な気遣いをしなければなりません。コミュニケーションのスピードも落ち、意識決定もどんどん遅くなります。控え目に言って、めんどくさい。
あなたは、そんななめんどくさいマネージャーになってしまっていませんか？

「個人的な感情や機嫌でパフォーマンスが左右されるのは、ビジネスパーソンとして失格」

このような辛辣な意見を言う人もいます。
とはいえ、マネージャーも人間です。機嫌が悪いときもあって当然。では、どうすればよいのでしょうか？

改善行動の例

●アンガーマネジメントを身につける

アンガーマネジメント。文字通り、怒りのやりくり。近年、「アンガーマネジメント」を

「めんどくさい上司」になってしまっていませんか？

冠した書籍や講座も増えてきています。マネージャー研修で、アンガーマネジメントを取り入れる企業も少なくないようです。

アンガーマネジメントとは、感情を押し殺すのではなく、いかに向き合うかに焦点を当てたセルフマネジメント技術です。一例を紹介します。

「イラッとしたら、6秒時間を置く」

怒りのピークは6秒だといわれています。その6秒の間をいかに冷静にやり過ごすかが大事。人はイラッとすると、つい脊髄反射で血走った行動を取ってしまいがちです。その感情と行動をマネジメントする技術のひとつです。

アンガーマネジメントは、マネージャーのみならず、すべてのビジネスパーソンが学んでおいて損はないでしょう。是非、専門書籍を手に取ってみてください。個人的には、『感情の問題地図～「で、どう整える？」ストレスだらけ、モヤモヤばかりの仕事の心理』（関屋裕希著／技術評論社／2018年7月刊）が読みやすく、図やイラストも豊富でオススメです。

●機嫌が悪いことを公言する

「ごめん、僕いま機嫌良くないから、急ぎでなければ昼休み後にしてくれたら嬉しい！」

かつての職場で、こう公言する部長がいました。

この発言には賛否両論ありますが（マネージャーたるもの、そもそも機嫌を仕事に持ち込む時点で失格なる厳しい意見も）、私はポジティブにとらえています。ポイントは４つです。

①「ごめん」と最初に謝っている
②機嫌が悪いことをわかりやすく周りに示している
③「急ぎでなければ～～してくれたら嬉しい」と、絶対駄目ではないことを示している
④「昼休み後」と、都合の良いタイミングを示している

機嫌に左右されるくせに、機嫌がわかりにくい人ほど厄介な人はいません。何を考えて

いるかわからず、横柄《おうへい》な態度を取ったり、いきなり爆発したりする人に比べれば、「機嫌が悪い」と言ってくれる人のほうがよっぽど親切。「わかりにくい」はモヤモヤの源泉。逆をいえば、「わかりやすい」はコミュニケーションを良くします。

●お菓子をつまむ

お菓子をつまみながら作業や打ち合わせをするのも解決策のひとつ。お菓子をつまみながら不機嫌になる人はいないそうです。多少のイヤなことがあっても、飴でも舐めながら話していれば心も和らぐもの。"Sweets as a Solution!"積極的に活用しましょう。

●外でイヤなことがあったときほど、メンバーを褒める／感謝する

「本部長からイヤミなことを言われた」
「お客さんから厳しい指摘を受けた」

外でイヤなことがあったときほど、中のメンバーに優しく振る舞う課長がいました。

「キミたちだけだよ、わかってくれるのは……」
「いつも請求書を作ってくれて、ありがとうね」

など、お茶やお菓子を差し入れつつ労《ねぎら》いの言葉をかけたり、外で感じたイヤな気持ちを、中での優しさで返したりする。なかなか幸せな解決方法です。部下も「ああ、課長も大変なんだな……」という気持ちになり、課長に笑顔で優しく接していました。

●メンバーの不機嫌も受け止める

最後に、最も大事なことを。

メンバーの機嫌の悪さもしっかり受け止める!

そうでないと、マネージャーの機嫌の悪さだけが許されて、部下の不機嫌は叱責されることになります。それはあんまりです。

仕事に機嫌を持ち込むのはよろしくない。とはいえ、不機嫌になることもあります。にんげんだもの。相互理解と相互許容で、コミュニケーションしやすい空気をつくっていきたいものです。

「キミの考えは聞いていない」

マネージャーのあなたが、メンバーに状況報告を求めた。メンバーは、事実とともに自分の考えを述べた。そこで、あなたはこう言い放った。

「キミの考えは聞いていない」

言い方にも寄りますが、このひと言も避けたいです。この言葉を浴びせられたメンバーはどう思うでしょうか？

「自分は所詮、メッセンジャーでしかないのか……」
「良かれと思って自分なりに考えを示したのに、無視かよ……」

「オレの意見はいらないのか……」

こうして**二度と意見を言わなくなります**。それが「やらされ感」のある仕事であればなおのこと、モチベーションがだだ下がり。そういうマネージャーに限って、「主体性を持て」と口癖のように言っていたりするものですから、メンバーは大混乱。

「いやいや、主体的に考えようとしても、あなたが邪魔するじゃないですか」

メンバーはこんなひと言も言いたくなります。

「キミの考えは聞いていない」

このパワーフレーズは相手の主体性をじわじわ奪い、選択的受け身の姿勢を生み出すのです。

相手の存在価値を否定してしまうフレーズです

改善行動の例

●まずは感謝を伝える

「意見をしてくれてありがとう」
「自分なりに考えてくれているんだね。ありがとう」

まずはこのひと言から始めてください。「キミの考えは聞いていない」云々《うんぬん》の、〝あなたの考え〟を述べるのはそれからです。

●「僕が正しく理解するために、まず事実だけを話してもらってもいいかな？」

この言い方に変えるだけでも、相手との関係性はガラリと変わります。ポイントは２つ。「僕が正しく理解したいから」と、責任の主体を自分にしていること。そして「まず事実だけを話してもらってもいいかな？」と、相手の意見や考えを聞く余地を与えていることです。

●ホワイトボードに書きながら報告を受ける

またまた出ました、ホワイトボード。ホワイトボードに「事実」と「意見」の2つの枠を書き、そこにメンバーの報告を書きながら（あるいは書いてもらいながら）聞いてみましょう。事実関係を整理しながら、相手の考えを引き出すことができて一石二鳥。メンバーの思考トレーニング、整理のトレーニングも兼ねられます。

「モヤモヤ」を「スッキリ」に。日常の報告業務でも十分実践することができます。

「キミたちは幸せだ……」「俺たちの若い頃は……」

かつて私が勤めていた会社（プロフィール上非公開。どちらかというとブラック）でのエピソードをひとつ。

残業時間中に、次のような言葉をたびたび部下にかける本部長がいました。

「キミたちは幸せだな。会社からお金をもらって勉強させてもらっているんだから」

勉強といっても、研修を受けているわけではありません（そのような研修は、この会社では皆無でした）。ただ単に仕事で遅くまで残業しているだけ（その会社では、「早く帰る＝悪」の文化があり、いわゆる「つきあい残業」です）。ちなみに残業代は支給されません。「サービス残業」です。

違法性の議論はひとまず置いておいて、上位者にこのセリフを言われたら部下はどう思うでしょうか？「はい、そうです」としか答えようがありません。

本人は、部下のモチベーションを上げるために言っているつもりなのですが、はっきりいって逆効果。それが勉強になる／ならないはどうあれ、仕事ですから社員は給与を支払われて当然。それを上が都合よく美化しているメッセージにすぎません。

何より、それが幸せかどうかは相手が決めるもの。社員が自ら「この仕事を通じて、良い勉強をさせてもらっています。ありがとうございます」と言うならさておき、マネジメント側がそれを言ってはオシマイ。あなたの価値観を押し付けてはイケマセン。

「俺たちの若い頃は……」

これまた同様に、多用を避けたいフレーズ。

いまは時代も環境も違います。組織も個人も未来に向かって生きています。雑談がてら、過去の思い出としてたまに話をする分にはよいと思いますが、武勇伝よろしくそのやり方を説教ムードで押し付けるのはやめましょう。

上位者がこれらのメッセージをくり返すと、**メンバーが本音を言えない、さらには時代遅れな仕事のやり方が正しく指摘されない不健康な組織風土を生んでしまいます。**

改善行動の例

「外の空気に触れる機会をつくる」

自社や自職場の良さをメンバーに伝えたい、実感してもらいたい。その気持ちもわかり

昔の価値観を押し付けられても厄介なだけです

ます。しかし、どんなに素晴らしい制度や仕組みも提供者側、すなわちマネージャーが自画自賛してしまったらオシマイなのです。価値は相手が決めるものですから。

特定の環境しか知らないと、その環境の良さも悪さも実感しにくい。これは仕方のないことです。ここはひとつ、外に出る／外の空気に触れる機会をつくってみてはいかがでしょうか？

- 外部の交流会や勉強会に参加する／メンバーに参加してもらう
- 外部の人を招いた勉強会や講演会を定期開催する
- 仕事に関係する書籍や雑誌を講読する
- テーマを決めた読書会を昼休みにやってみる

そうすることでメンバーの（もちろんマネージャー自身も）視野も広がりますし、相対的にいまの環境の良さも改善点も認識できるようになります。その結果、自社や自分たちの仕事に対するエンゲージメントが高まった職場もあります。

ある企業では、社内報に外部の専門家に自社を語ってもらう定期連載があり、人気コンテンツのひとつになっています。外の人に自社を語ってもらうことで、自社の良さや悪さを客観化できるメリットがあります。

このように、第三者に良さや悪さを語ってもらうアプローチも検討してみてください。

「自由に意見を言って」

言うは易し、行うは難し。

「自由に意見を言ってほしい」

よっぽど風通しもよく、メンバーが意見慣れしている職場はさておき、ただマネージャーが「意見を言え」と叫んでいるだけでは、メンバーはなかなか意見を言いません。

メンバーが意見を言わないのはなぜでしょう？　８つの背景があります。

「意見を言って」と言われても、発言しづらいもの

①怖くて言えない

トップや上司の前で、メンバーはなかなか本音を言えないもの。中には、提言した人を否定したり、恫喝したりするなど恐怖政治さながらの支配的、あるいは体育会系文化の組織も。よっぽどの勇者しか意見を言えない。その勇者すら、ボロボロにされ、挙句の果てに左遷させられる。こうして、次の勇者が二度と生まれない、受け身な文化が出来上がります。

②わざわざ言わない

「この会議、全員出席する意味がありますか?」

「それ、電子で代替できるのでは?」

「所詮、社内の報告資料なのに、『てにをは』をここまで気にする必要がありますか?」


意見や改善提案があっても、人はわざわざ言おうとしないもの。働き方改革による、長時間労働削減が厳しく言われていればなおのこと、目先の仕事をこなすだけで手一杯。わざわざ発言や提言をしようとしない。あるいは、給湯室や喫煙コーナーの愚痴レベルで終わってしまいます。

③言語化できない

意見をする習慣がなく、そもそも言葉にできない。

④気づかない／気づけない

無駄を洗い出せと言われても、みんなポカンとする。なぜなら、無駄があるなんて思っていないから。同じ人たちが同じ仕事のやり方を当たり前のように5年、10年続けていたら、それが無駄なんて思わなくなります。あるいは仮に「無理」「無駄」「オカシイ」と思っていても、言おうとしない。なぜなら、それは前任者のやり方を否定することになるから。

⑤無力感

「この人たちに何を言っても無駄」「どうせ否定される」
「実行されたためしがない」
「無駄な稟議や検討ばかりで、はっきりいってめんどくさい」

⑥得しない

意見しても評価されない。または、その分面倒な仕事を振られるだけ。人は自分が得しない行動は取らない生き物です。

⑦サポートしてくれない

提案したら、やらされるだけ。いわゆる「言ったもの負け」のカルチャー。

⑧愛着がない

そもそも、その組織に愛着がない。だから、わざわざ意見しない。心を殺して淡々と仕事していればそれでよい。

改善行動の例

なかなか闇深い問題もありますが、現場のマネージャーにやってほしい行動を3つ挙げます。

①テーマを決める

何もテーマがない状態で、ただ「意見をくれ」と言ってもメンバーはモヤモヤして当然です。

マネージャーのあなたが、何らかのテーマを決めましょう（もちろん、メンバーに解決

メンバーが意見を言わない背景８つ

怖くて
言えない

言語化
できない

気づかない
気づけない
（含：前任者に気を使って
気づかないフリをする）

わざわざ
言わない

無力感

サポートして
くれない

得しない

愛着がない

したいテーマを挙げてもらってもよいでしょう)。

「手戻りを削減する」

このようなテーマがあるだけでも、何を問題視すればよいのか、日頃どんな情報にアンテナを立てて収集したり勉強したりすればよいのか、メンバーの頭の中に指針ができます。

②隙をつくる

どんなに良い意見を持っていても、それを言う場や隙がなければ宝の持ち腐れ。

- (どうせ毎日開催している)朝会や夕会の最初の5分10分を、意見交換の場にする
- ホワイトボードを設置し、ちょっとした気づきを付箋などに書いて貼るようにする
- 「Teams」や「Slack」など、ITを使ったグループチャットに気軽に書き込めるようにする

このような仕掛けの工夫で、意見をしやすくしましょう。最初は、マネージャーやリーダーが率先して発信してください。それにより、「ああ、こういうことを意見／提案すればよいのか」とメンバーは目安を知ることができます。

③受け止める

発信された気づきや提言。必ず一回受け止めてください。頭ごなしに否定したり、流したりしてしまったらメンバーは二度と発信しなくなります。

外部のファシリテーターを入れて、裁いてもらうのも手です。

「対面で言え」

「そういうことは、対面で会って話をするものだよ」

「報告は対面でしろ！　メールやメッセンジャーでラクに済ませようとするんじゃない！」

メールやメッセンジャーでは駄目な理由がありますか？

これもご法度！

もちろん対面のコミュニケーションは大事です。重要な報告や相談は、対面でじっくり話したほうがよいでしょう。

とはいえ、メンバーもみんな忙しい。なおかつ、マネージャーのあなた自身が忙しくて自席にいない！　これでは、あなたと対面で打ち合わせできるタイミングを探すだけでも一苦労です。おまけに、会議室も応接室もいつも空いていない。

あなたとの打ち合わせを設定しなければならない、そのことを記憶しておくだけでもストレス。無駄にメンバーの心の「モヤモヤ」、そして無駄な仕事を増やし続けます。

改善行動の例

「まずはメッセンジャーでいいから」

「概要だけ1行で、メールであなたの都合の良いときに送っておいて」

マネージャーからそう言ってあげれば、相手はコミュニケーションしやすくなります。上

司と部下で事業所が離れてる場合などは、

「何なら、私がそっちに行くから」

このひと言があるだけでも、部下は安心します。私もＩＴ企業勤務時代、部長や本部長のこの言葉でかなり救われました。「上司は、現場の私たちの忙しさをわかっていてくださる」。こんな安心感と親近感が湧いたものです。組織や上司へのエンゲージメントや心理的安全性は、こうやって高まっていくのですね。

正論を押し付ける

いつもポジティブ。ピンチはチャンス。すべて自責でとらえ、決して弱音を吐かない。このようなマネージャーやリーダーは、職場を明るくする……と思われがちですが、**まぶし過ぎるマネージャーがチーム内のコミュニケーションを微妙にすることも。**

「私たちは、あなたのようにデキる人ではないし……」
「いつも元気なフリをしなくてはいけなくて、しんどい……」

時に、メンバーの自己肯定感の低下や倦怠《けんたい》感を招きます。

メンバーに正論を押し付けるマネージャーもまた問題。

「仕事なんだから、理不尽でも我慢しろ」
「お客さんが言うんだから、仕方ないだろう」
「社会人として当たり前」
「ネガティブな発言をするな」

この手の正論は、必要以上にメンバーを苦しめ、本音を言いにくい職場の空気をつくってしまいます。

同様に、**お祭りモードや体育会系部活のノリを強要するのも考えもの。**もちろん、

マネージャーの情熱が部下を苦しめてしまうことも

そういうノリと価値観の人だけが集まったスタートアップ企業などであれば、その限りではありませんが、そうでないとしたら……。

改善行動の例

「まったく、あのお客は何を考えているんだ。本当に、ふざけるなだよな……」

たまには、メンバーの立場に寄り添って一緒に怒る。ネガティブな感情もともにしてみてください。

一緒に悲しみ、苦しんでくれるリーダーの存在はありがたいものです。それが何よりのメンバーへの共感の証。もちろんマネージャーである以上、組織の長として正論を言わなければならないシーンもあるでしょう。しかし、それではあなたとメンバーは対立関係になってしまいます。マネージャーであるあなたが、メンバーの心に寄り添って共感してくれる。だからこそマネージャーの存在はかけがえのないものになるのです。

「ここでは弱音を吐いてもいいんだ」

「本音を言ってもいいんだ」

そんな心理的安全性も醸成されます。

もちろん**ネガティブで終わってしまっては駄目**。そこからポジティブな空気に持っていく。二度とメンバーが悲しい思いをしないよう、再発防止策を検討して実行する。このようなマネジメントもお忘れなく。

第3章

迅速な
コラボレーション
のために、しないこと

「外」といかにつながるかが、
イノベーションの鍵になる

7 煩雑な事務手続きだらけ

事務手続きは、相手の時間を優しく奪います。

➡ 167 ページ

8 「担当者が代わったのでイチから説明をお願いします」

説明＝お金を生まない仕事です。

➡ 172 ページ

9 「実績になると思って安値(タダ)でお願いします」

良い実績になるかどうか判断するのはあなたではありません。

➡ 175 ページ

10 情報を共有しない

お取引先との一体感の喪失にもつながります。

➡ 178 ページ

11 急ぎでもないのにやたらと電話をかける

電話はかけ手の都合だけで相手の時間や集中力を奪います。

➡ 182 ページ

12 やたらと価格交渉する

その価格交渉をやめたほうがコストは下がります。

➡ 185 ページ

迅速なコラボレーションのために、

しないことリスト

1 「とりあえず打ち合わせしましょう」

その打ち合わせ、本当に必要ですか？

➡ 146 ページ

2 「日程を決めるまで 2 週間預からせてください」

預かっている日数分、相手は機会損失しています。

➡ 152 ページ

3 お取引先への態度が横柄

そのままでは、立場が弱くなった途端、お取引先にそっぽを向かれます。

➡ 154 ページ

4 「このくらい、ちゃちゃっとできるでしょ？」

それがちゃちゃっとできるかどうかを決めるのは相手です。

➡ 159 ページ

5 「残念ながら上が納得しませんでした」

残念なのはあなたのマネジメント能力です。

➡ 162 ページ

6 「ウチのやり方は特殊なんです」

「ウチのやり方」は、自分たちは改善や標準化をする気がない意思表示です。

➡ 164 ページ

「コラボレーション」「イノベーション」

最近ビジネスの現場でよく聞かれるようになった定番ワード。これからの時代、自社や自組織単独の価値創出、課題解決は難しいと言っても過言ではないでしょう。他社、他部署、フリーランスや学生。すなわち「外」といかに迅速につながってコラボレーションするかがイノベーションの鍵。にもかかわらず、コラボレーションを邪魔する行動や慣習にまみれていませんか？

優秀な相手とコラボレーションできない状況は、あなたの会社の社員の成長およびモチベーションにも影響します（外から学ぶことはたくさんありますから）。

第3章では、外とのコラボレーションを迅速に行えるようにするために「やめること」を考えてみましょう。

「とりあえず打ち合わせしましょう」

お取引先と何かを進めようとするとき、判で押したように「とりあえず、打ち合わせを……」と言う人がいます。

その口癖、ちょっと待った!

もちろん、重要な話は会って話したほうが良いでしょう。対面により濃密なコミュニケーションをすることができます。

しかし、**毎回必ず対面の打ち合わせが必要でしょうか?** 一度きりの単発のお仕事で、わざわざ打ち合わせをするのはお互いのコストでは?

何気ない打ち合わせにも、コストと手間がかかります。

・予定を調整する手間
・移動準備の手間
・移動のコスト
・移動のリスク(天候不順、渋滞、人身事故や車両故障による公共交通機関の遅延や運休など)
・移動時間の機会損失(その間、仕事ができない/できる仕事が限られる)
・打ち合わせ時間の機会損失

その時間、相手もあなたたちも別の仕事あるいはプライベートに使うことがで

その打ち合わせ、本当に直接会う必要がありますか？

きます。

「情報共有だけのための30分の会議に、毎週呼び出されるのは勘弁してほしい。片道2時間の移動時間が本当に無駄……」

「価格交渉をしたいと言ってきた。いやいや、そうやって私たちを無駄に呼び出すから、意地でも価格を下げられないのですよ。コストドライバー(価格を高くする要因)は、御社の仕事のやり方にあります!」

こう嘆くお取引先の担当者も。相手が会社員ならまだよいです。本人に対価は支払われますから(その会社の経費は圧迫しますが)。これが、個人事業主だったらどうでしょう?その打ち合わせには対価が支払われません。受注できなければタダ働き。ラッシュ時間に移動させられようものなら、タダ働きどころかマイナスです。コストもかかり、なおかつ体力と気力を無駄に削られますから。

改善行動の例

その打ち合わせ、本当に必要ですか？　まず一歩立ち止まって自問自答してみてください。

そもそも、なぜ相手に打ち合わせを求めたくなるか？　その根底にも「モヤモヤ」があります。

・相手がどんな人かわからない
・何をお願いしたいのか、要件が固まっていない
・議題が決まっていない

とりあえず相手を呼び出して、その場の空気や相手の力を借りてナントカしようとしている依存構造です。

・相手に出してほしい情報を明確にする

・自分たちの用件や相手に対する期待を明確にする
・議題やアウトプットイメージを明確にする

これらをまず相手に伝えれば、案外メールやメッセンジャーなどリモートのやりとりで済んでしまいます。事前にきちんと情報をやりとりしていれば、Webミーティングなど移動を伴わないやり方でも十分。逆に、これらをモヤモヤさせたまま進むと、たとえ対面の打ち合わせをしていても後で意識違いや手戻りが発生して痛い目を見ます。

それでもやはり対面で打ち合わせをしたい？

であれば、**あなたたちからお取引先に出向く**ことも考えてみてください。

迅速にコラボレーションするための工夫や気配りは、今後ビジネスリテラシーやビジネスマナーとしてますます重要に。無駄に相手のコストや体力を奪うような慣習はなくしていかないと、コラボレーションしてもらえなくなります。

「日程を決めるまで2週間預からせてください」

打ち合わせやプレゼンテーションの日程を決めるとき、複数の候補日を挙げさせる……のは仕方ないにせよ、2週間も3週間も決めない状態を続けてしまっていませんか？

仮押さえした日程。すべて、相手のリスクであり機会損失です。仮押さえした日に東京での打ち合わせを想定しているならば、その日の前後は大阪や福岡での仕事は入れられないなど、相手の前後の日程の行動さえも制限してしまいます。複数の候補日程を預かっていつまで経っても決めないのは、相手にとって大変失礼な行為なのです。

改善行動の例

とにかく、とっとと決めてください。

事前に社内の関係者と調整して意思決定した上で、お取引先に確実な候補日程を選択してもらうのもひとつでしょう。

長く待たせるほど、相手の機会損失は大きくなります

スピーディーに意思決定する思いやりと工夫が、良いお取引先を惹き付けます。

お取引先への態度が横柄

お客様や上司には気を遣うのに、相手がお取引先になった途端、横柄に振る舞うマネージャーがいます（最近はだいぶ少なくなった印象ですが）。

・上から目線
・言葉遣いが乱暴
・「お客様は神様だ」の姿勢で、自分たちの言い分だけを押し付けようとする

旧知の仲で親しい関係ならさておき、そうでもないのに、やたら馴れ馴れしく、押し付けがましく振る舞うのはさすがにどうかと。このような横柄な態度は、**先人が築いてきたあなたの会社の看板に泥を塗ります**。すなわち、ブランドイメージの毀損《きそん》に。

百歩譲って、あなたの会社が好調でお取引先にお仕事を出せる状態が続いているなら、ま

取引先に偉そうな態度を取るなんて時代遅れです

だよいでしょう。しかしそれでも、立場が弱くなった途端に、お取引先にそっぽを向かれます。ピンチのときに自社を助けてもらえるような、良好な関係性をお取引先と構築する。それもマネージャーの責任です。

お取引先だけではありません。自社のメンバーにも悪い影響を及ぼします。

お取引先に横柄に振舞っているマネージャーの姿を見て、部下はどう思うでしょうか？

「うわ……痛い」

「みっともない」

「情けない」

そう思っているかもしれません。だんだんと自分の上司や自社が恥ずかしくなり、自社へのエンゲージメントが下がる。あなたの「当たり前」で、部下に恥ずかしい思いをさせてはイケマセン！

改善行動の例

社外の人だからこそ、真摯に接してください。

相手の言い分をきちんと聞く。相手の予定や事情を考慮する。むやみやたらに呼び出さない（リモートで済ませられるものは、リモートで）。このような行動や言動の積み重ねが、お取引先との良い関係を構築します。

「この会議室を一歩出たら、お取引先の皆様はお客様なのです」

かつて私がＩＴ企業に勤務していたとき、クライアント先の部長に言われたこのひと言を、私はいまでも覚えています。こちらはＩＴサービスを提供するいわゆるベンダーの立場、相手はお客様。なのにいつも大変丁寧に接してくださる。

「私たちにできることがあれば言ってください」

常にこうおっしゃってくださり、一緒に課題を解決してきました。

「ウチの社員がそんなこと言っていたんですか？　大変申し訳ありません。きちんと指導して改めます」

理不尽なクレームを受けたときには、一緒になって怒ってくれて、是正のための行動を素早く取ってくださいました。もちろん、厳しい要求や指摘をいただいたこともあります。しかし、それはみな紳士的かつ納得感のあるものでした。私が率いるチームのメンバーたちも、このお客様の案件はイキイキと誇りを持って仕事をしていたのを思い出します。

あるとき、私はその部長に尋ねてみました。なぜ、そんなにも親切にしてくださるのかと。そのときに返ってきたのが、冒頭のひと言です。

「この会議室では、私たちと皆様の関係はお客さんと業者さんかもしれません。しかし、ここを一歩出たら皆様は大事なお客様なんです。日常のふとしたシーンで、私たちのサービスを思い出して使いたいと思ってもらえるか、〝絶対イヤだ〟と思われるか。そういうことだと思うのですよ」

部長のはにかんだ、そして誇らしい横顔が印象的でした。

「このくらい、ちゃちゃちゃっとできるでしょ？」

それが**ちゃちゃちゃっとできるかどうかを決めるのは相手**であり、あなたの印象で決め付けるものではありません。また「このくらい」という発言も完全にNG。**相手の仕事や価値をまったくリスペクトしていない言動**です。

あなたが仕事を依頼する相手はプロです。あなたがその領域に精通していて、専門家の先輩としてアドバイスをするのであればさておき、そうでない相手の専門領域に土足で踏み込み、知ったか顔であれこれ言うのは失礼です。

どんな仕事でも、他人には見えない努力や難しさがあります。こちらが勝手に、すぐできると決めつけてはイケマセン。前項同様、部下のモチベーションを下げる可能性もあります。部下がその仕事を専門としている人だったら？　自分が誇りを持って取り組ん

相手に敬意を示さない、極めて失礼な発言です

でいる仕事をマネージャーに軽く見られたと思い、傷つくでしょう。

改善行動の例

「私は2日でできるのではないかと思うのですが、どんな難しさがあるのでしょうか？」

「予算が30万円しかないのですが、その範囲内でやっていただく方法はないでしょうか？」

もしあなたの側で譲れないライン（リードタイムや締め切り、コストなど）があるならば、それを明確に示しつつ、相手に可否や方法を尋ねましょう。

ただし、説明のために無駄に資料を作らせたりするのも考えもの。わからないからこそ、相手を信頼して任せる。あるいは、あなたなりに勉強や理解をするための努力をする。いずれもコラボレーションを円滑に行うためのマネジメントです。

「残念ながら上が納得しませんでした」

新しい案件。何度も打ち合わせを重ね、お取引先に一生懸命提案してもらった。それにもかかわらず、あなたの上司や関係部署の合意が得られない。そうして、案件そのものがご破算に……。

「残念ながら上が納得しませんでした。今回の案件はなかったことに」

「残念ですが、トップの鶴の一声で、別の会社にお願いすることになりました。次の機会にまたよろしくお願いします」

いやいや、何をおっしゃいますか。ずばり、**残念なのはあなたのマネジメント能力**です。一生懸命尽くしてくれた相手に、「残念ながら」「残念ですが」と客観的かつ他人事感満載な言葉を浴びせるのは無責任極まりありません。

上司のせいにしてしまうのは、あまりに無責任です

改善行動の例

このケースは、**とにかくひたすら謝ってください**。何なら、あなたからお取引先に出向いて頭を下げる。そして、事の経緯をきちんと説明してください。

相手も社内やお取引先を動かして仕事させてしまっている以上、関係者に経緯を説明する責任があります。その説明労力をなるべくかけさせないためにも、論理的かつ合理的な説明をするのが筋です。

できることなら、再発防止策も講じて書面で提示するくらいしてください。そうでないと、二度と相手の協力を得られなくなる可能性があります。それは、あなたの後任がコラボレーションで苦労することを意味します。

「ウチのやり方は特殊なんです」

これまた、**自分（たち）事であるにもかかわらず、他人事感満載**で相手をモヤモヤさせる残念フレーズ。

「私たちは自分たちのやり方を変える気はありません」
「社内の抵抗勢力と、一切向き合いません。調整しません」

こう公言しているようなものです。

もちろん、それが自社の差別化要素につながっているような、本当に必要とされる特殊技術ややり方であればその限りではありません。しかし、そうではなく汎用的な業務までわざわざ独自のやり方でやっているとしたら？　単に前任者のこだわりで古いやり方を続けているだけだとしたら？　マネージャーはまずここを疑ってください。

「ウチのやり方＝自分たちは改善や標準化をする気がない意思表示」。特殊性に相手を合わせさせるなら、その分コストは当然高くなりますし、コラボレーションしてもらえる相手の選択肢も狭まります。

相手に合わせなければコラボレーションはできません

改善行動の例

事前に一般的なやり方や外部の事例を調べておきましょう。それだけでも、自社の「不要な特殊性」に気づくことができるかもしれません。

定期的かつ計画的に、社外のフォーラムやＩＴのソリューションフェアなどに参加して情報収集する習慣も大事です。そうしないと、自分たちの仕事のやり方はいつまで経ってもアップデートされません。あなた自身の参加も大事ですが、メンバーを参加させるようにすれば育成にもなります。

煩雑な事務手続きだらけ

「コラボレーション」
「イノベーション」

そう叫ぶ割に、コラボレーションやイノベーションを意外と邪魔しているハードルがこれ。煩雑な事務手続きや稟議。

- 外部に発注するとき、必ず複数の業者から相見積もりを取らなければならない
- 見積書も請求書も紙の原本を郵送してもらわなければならない
- 独自かつ煩雑な口座登録依頼書を提出してもらわなければならない
- その依頼書は手書きかつ押印が必要
- 完了報告書をわざわざ紙で提出させる
- そもそも個人事業主との取引は問答無用でNG
- 明らかに秘匿性のない添付ファイルも、zip形式で圧縮してパスワードをかけて送付しなければならない

挙げればキリがありませんが、このような慣習やルール、こだわりが、スピーディーなコラボレーションを邪魔しています。

事務手続きは、相手の時間を優しく奪います。誰も得しない無駄なタダ働きは、相

手の生産性やモチベーションを下げます。

契約の場などで、契約はA部署、注文はB部署、価格交渉はC部署というように、登場人物が多過ぎるのも相手の手間とコスト に（結果、自社への見積もり金額に返ってきます）。

私は、生産性や働き方を専門にしている立場なので、「これ、やめられませんか？」「電子ファイルで許容してください。税務的には問題ないはずです（他社はそうしています）」など容赦なく指摘し、やり方を改善してもらうこともあります。しかし、私のような図太い神経の営業担当者でなければなかなかクライアント先に物申すことはできないでしょう。

だからこそ、クライアントの立場のマネージャーであるあなたが率先して古いやり方をアップデートすることで、正しくコラボレーションできるようにしていく必要があります。

何より、これらの事務作業はあなたたちの時間も手間にもなり、ひいては社員の成長機会も奪いますから。

改善行動の例

「いやいや、経理がウンと言わなくて……」

スピードが求められる時代。無駄な手続きが足かせに

そうおっしゃられる方もいます。この機会に、是非経理と交渉してください。経理や購買や監査部門など、**悪気なく従来のやり方に固執していることがあります。**特に理由もなく、紙ベースの仕事のやり方や過剰な事務手続きを改善しないまま続けている。実際、経理と一回やりとりして確認してもらっただけで、「あ、いまはPDFファイルでもOKだそうです。紙の書類をわざわざ郵送いただく必要はありません」となった会社もたくさんあります。そんなものです。

「お取引先が困っているから」「手戻りが多くて、現場のモチベーションも下がる」

外の声を味方にして、中の非効率なやり方を改めてもらう／提案するのも、あなたのチーム、ひいてはあなたの会社が外とのコラボレーションやイノベーションをできる組織に生まれ変わるために必要な正義です。

あるいは、経理担当者を外に連れ出して、ビジネス現場の空気感を感じてもらうのもよいかもしれないですね。私がかつて勤務していた会社でも、お客様が来られるイベントに事務担当者に参加してもらったり、社外のソリューションフェアなどに出てもらったりした結果、モチベーションが上がり、そこから改善が進んだことがありました。

「お取引先やお客さんの顔を想像しながら仕事するようになった」

本人たちの主体性とやり甲斐にも差が生まれます。
「井の中の蛙《かわず》」は百害あって一利ナシです。

「担当者が代わったのでイチから説明をお願いします」

担当者が代わったのは、あなたの会社の責任であってお取引先にその手間やコストを転嫁するのはお門違い。社内体制の不備を露呈しているようなものです。

「説明=お金を生まない仕事」。相手の生産性も自分たちの生産性も下げます。

改善行動の例

●引き継ぎや日頃の情報共有を徹底する

最低限、誰が何をやっていて、どのようなステータスなのかを、朝礼やチームミーティングで共有するなり、ITシステムを使って定型化して把握できるようにしておきましょう。

●無駄な異動を行わない

ただ慣習（惰性）で人事異動を行っているだけだとしたら、それは自社のためにもお取引先のためにもなりません。無駄なコストであり機会損失です。時に人事にモノイイして、やめてもらうのもマネージャーの役割でしょう。

担当者が代わったのはこちらの責任でしかありません

●説明を求めるならば追加料金を払う

相手の時間とコストを奪うのだから当然です。

「実績になると思って、安値（タダ）でお願いします」

それが良い実績になるかどうか判断するのはあなたではなく相手です。すなわち、その**仕事の価値は相手が決めるもの**。あなたの上から目線な価値観で、「実績になると思って」などと口にしてはイケマセン。

それどころか、相手にとってはむしろその実績は隠したいものかもしれません。安値やタダで仕事をさせようとする会社の仕事を受けてしまうことが、ネガティブなブランドイメージをつくってしまうこともあるのです。

「ああ、あの会社（人）は、こんな安値の案件も受けるんだ」

「この人なら、タダで仕事してくれそうだ」

こうして、質の悪い会社をどんどん呼び寄せてしまうのです。

改善行動の例

●予算が厳しいなら、きちんと頭を下げて「お願い」する

当然の行為です。

●買い叩かない

買い叩き行動そのものがあなたの会社のブランドイメージを下げ、協力者を遠ざけます。この手の悪評はあなたの知らないところで、広がりやすいもの。会社のお金は正しく使いましょう。

頼んだ仕事が相手にとって価値ある仕事とは限りません

●次のチャンスを必死で作る

百歩譲って今回は安値（タダはご法度）でお願いしなければならないケースであるならば、その次に妥当な金額でその人に仕事をお願いするチャンスを必死でつくってください。そうしなければ、相手は二度とあなたの会社に協力してくれなくなります。

情報を共有しない

「クライアントに提案した案件。検討状況がまったく知らされないまま、はや1カ月」
「クライアント先の体制や方針が、いつの間にか変わっていた」

クライアント側の進捗が不明。いつまで待っても連絡が来ない。重要事項の共有もされない。これではせっかくあなたの会社に協力したお取引先のモチベーションも下がって当然。システム開発プロジェクトなど、異なる複数の会社のメンバーが協働する案件であれば、一体感の喪失にもつながります。

その手のマネージャーに限って「もっと積極的に提案してほしい」「当社のビジネスの理解が足りない」と、**お取引先に過度な期待をする。**いやいや、だったら率先して情報を共有しましょう。

改善行動の例

大切にしたいお取引先であればこそ、クライアントであるあなたたちから積極的に情報共有をしてください。

・中長期の計画やビジョン、ミッション
・方針や体制
・新任者の情報
・仕事の進捗（とりわけ、お取引先に提案いただいた案件については検討状況をまめに共有すること。決定期限を明確にし、守るのも大事）
・全体のスケジュールと現在の状況

情報共有を怠れば、どんどん信頼感は失われていきます

・新しい製品やサービスの情報
・関連部署の情報

お取引先側としては、クライアントの手を煩《わずら》わせるのを気遣って、なかなか聞きにくいもの。だからこそ、**クライアント側から率先して情報提供しましょう。**

私がもう5年のお付き合いになる、製造業のクライアントさん。いまや複数の部署でお仕事していますが、どの部署のみなさんも積極的に情報共有をしてくださいます。工場見学をさせてくださったり、ショールームやオフィスで製品に触れさせてくださったり。食事をしながら、ご自身の仕事に対する思いや部下に対する思いを語ってくださるマネージャーもいらっしゃいました。おかげで、私のクライアントさんに対するエンゲージメントが高まりました。

人は情報を共有されると、「自分が大切にされている」と思うもの。それは社外の人であっても同じです。秘匿には十分気をつけつつ、積極的に情報を開示して、「モヤモヤ」なく良い仕事をしましょう。

急ぎでもないのにやたらと電話をかける

やたらと電話をかける。

ひと昔前ならそれでよかったかもしれません。しかし、**電話はかけ手の都合だけで相手の時間や集中力を奪います**。しかも何の前触れもなく、突然に。あなたにも、突然電話がかかってきてイラッとした経験が少なからずあるのではないでしょうか?

・電話を取るのに気を取られて、その場に財布を忘れてしまった
・運転中に電話がかかってきて、ハンドル操作を誤りそうになった
・突然電話が鳴ったため、どこまで作業したかわからなくなってしまった
・電話を受けた後、誤って古いファイルを操作してしまった
・クライアント先の重要な会議中に電話が鳴って、気まずい思いをした

このように電話は業務の品質や安全、ひいては信用にも悪い影響を及ぼします。

「そんなの、本人の注意力の問題だ。受ける側が気をつければいいだけの話だろう」

ピピッ！ イエローカード！

そうやってなんでも個人の注意力や気合と根性任せにしようとするから……。

改善行動の例

「電話をかけるのは、よっぽど急ぎの用事があるときや緊急事態に限る」

このくらい徹底してもよいでしょう。

相手も自分も忙しい。だからこそ、お互いの都合の良いタイミングでやりとりできる手段（メールやメッセンジャーなどのＩＴツール）を使うほうが、お互いに気持ち良く仕事ができます。

えっ、ＩＴツールを使うのがめんどくさいですって？

この機会に職場の若手に教えてもらって慣れてください。それも若手とのコミュニケーションの良いきっかけですし、何よりあなたがＩＴツールに慣れれば、周囲全体の生産性あなたの勝手な都合で相手の時間を奪っていませんか？

も確実に上がります。

やたらと価格交渉する

当たり前のように、お取引先を呼びつけて価格交渉をしたり、相手を買い叩いたりするマネージャーがいます。これまた、やり過ぎるとお取引先との良い関係構築を阻害します。価格交渉は相手の時間と労力を、本来価値創出以外のところで奪います。

- 見積もりの作成し直し
- そのための社内調整
- 決裁

これだけでも相当のパワーを使います。その間、**お互い本来の仕事は止まったまま。コラボレーションはおろか、通常の作業すらできない状態に。**

そもそも、あなたの本業も価格交渉ではないでしょう。つまり、交渉するほうされるほう、お互いにとって何の本来価値も生まない仕事ごっこに時間を費やすことになるのです。

断言します。その価格交渉をやめたほうがコストは下がります。

お取引先は、見積もりのし直しをするだけでも相当な労力がかかる。そのコストをどうするか？　当然、客先から回収しようとします。当然、次回から高めの金額を提示せざるを得ないでしょう。習慣のように価格交渉してくる相手には、リスクとして金額を積まざるを得ないのです。

改善行動の例

「相見積もりをしない。価格交渉をしない」

これもひとつのポリシーであり、健全なコラボレーションを促進するための立派なマネジメントです。

そもそも**「価格交渉＝自分たちが適正価格をわかっておらず、相手との探り合いによって把握する行為」**です。「モヤモヤ」が無駄な仕事を生んでいる典型です。発注

価格交渉そのものが、お互いにとって大きなコストです

者側が日々情報収集や研究をして、適正価格を把握していれば無駄な価格交渉はしなくて済むはず。自分たちが考える予算感と合うお取引先と出会えるはずなのです。

ひと昔前であれば、予算はこちらからは開示せず、あえてぼやかすことで、複数の取引先候補の間に緊張感と競争意識を煽り、安値を引き出すやり方が王道のようにいわれてきました。しかし、いまは時代が違います。お取引先も、好条件で自分たちを選んでくれない相手のために無駄なレースに参加する時間も余裕もありません。だったら、とっとと決めてくれる客先を選択する時代です。

最近では、相見積もりをせずとも、発注先が図面や要件をアップロードすると、そこから自動的に見積もり金額を表示。条件に合致するお取引先と自動でマッチングするＩＴサービスも出始めました。

▼受発注プラットフォーム「CADDi（キャディ）」
https://corp.caddi.jp/service/

このように、テクノロジーを利用するのもよいでしょう。

理想の価格が出てくるまで交渉に時間をかける。相手にとってはコストでしかありません。結果、安くできないことも。無茶な価格交渉をするのは、相手のビジネスモデルを壊す行為でもあります。そのような取引は長続きしませんし、徒にあなたの会社のブランドイメージを下げます。

第4章

生産性を高めるために、しないこと

無駄を省き、個人が正しく成長できる組織づくり

7 「それはあなたの仕事ではない」

これを言われて、気持ち良く思う人がいるでしょうか？

➡ 216 ページ

8 「自責で考えた？」

自責で考えるにも限界があります。

➡ 218 ページ

9 完璧主義、１００点主義

完璧を求め過ぎるのは企業リスクにもなりかねません。

➡ 222 ページ

10 「そんなの常識だよ」

あなたは教育だと思って言っていても、多くのケースにおいて逆効果です。

➡ 226 ページ

11 「そんなことをしてなんの効果があるの？」

控え目に言って、息苦しい空気を作ってしまいます。

➡ 231 ページ

12 「至急」「大至急」が口ぐせ

「私はマネージャーとして無能です」と言いふらしているようなものです。

➡ 235 ページ

13 助言や評価を後回しにする

マネージャーのあなたとメンバーの間に大きな溝を生みます。

➡ 238 ページ

生産性を高めるために、
しないことリスト

1 自分でやってしまう

気持ちはわかりますが、それをくり返しているとどうなるでしょうか。

➡ 194 ページ

2 「余計なことを言うな／するな」

上に立つ人が決して言ってはいけないフレーズの代表格。

➡ 200 ページ

3 「いままで何やってたんだ！」

不幸な組織風土の温床になる言葉。

➡ 202 ページ

4 「無理に決まっている」

部下に無力感、不信感を植えつけるキケンな言葉。

➡ 205 ページ

5 「キミがラクしたいだけでしょ？」

ビジネスの場において、ラクをすることは良いことです。

➡ 208 ページ

6 「業務外でやって」「キミ（たち）だけでやって」

部下は、会社の本気度を疑ってしまいます。

➡ 212 ページ

「生産性を上げろ」

働き方改革の潮流の中で、日本の多くの組織が生産性を意識するようになりました。

無駄まみれ、旧態依然とした仕事まみれ組織では、個人は正しく成長することができません。生産性の高さもまた、そこで働く個人の育成と成長、ひいてはモチベーションを左右します。

第4章では、生産性を高めるために「しないこと」を考えてみましょう。

自分でやってしまう

「ああ、もういい！　自分でやるからいいよ」

こう言って、部下の仕事を取り上げてしまう管理職がいます。あるいは、はなから仕事をメンバーに任せずなんでもかんでも自分で抱え込んでしまうリーダー。

自分でやったほうが早い。あるいは心配でメンバーに任せられない。その気持ちもよくわかります。

任せることができなければ、部下の成長はありません

しかし、これをくり返しているとどうなるでしょうか？

・いつまで経ってもメンバーが成長しません
・メンバーに主体性も生まれません
・仕事があなたに属人化し続けます
・その結果、組織として脆弱になります
・あなたがいつもてんやわんやに
・そんなあなたの背中を見て、管理職になりたがらない若手が増えます

まさに負のスパイラル！

改善行動の例

①任せ切る

一度メンバーに与えた仕事は任せ切る。マネージャーの度量が試されます。やり方が自分と違っていて気になる。ついつい口出ししたくなる。その気持ち、グッとこらえてください。メンバーはあなたのコピーではありません。それを求めようとすると、メンバーはどんどん主体性をなくします。「やらされ感」でしか仕事をしなくなります。

それでも急ぎの場合など、どうしてもマネージャーとして口を出さなければならないケースもあるでしょう。あらかじめ、介入条件を明確にしておけば無用なトラブルを防ぐことができます。

介入条件の例

「〇月〇日までに完了しなければ、そのときは私がやる」
「セキュリティリスクが高いと判断したら、口出しします」

②あなたの仕事を書き出す

次に、マネージャーであるあなたが仕事を抱え過ぎないためのポイントを。

とにもかくにも、まずあなたの仕事、すなわちマネージャーの仕事を書き出してみてください。そして、眺めてみましょう。マネージャーの仕事を俯瞰《ふかん》してみると、意外とメンバーに任せられるものがあることがわかります。

「予算管理、課長代理のAさんにもやってもらおうかな。そろそろ視座を高めてもらいたいし」

「会議の司会進行は、主任のBくんにお願いしようかしら。ファシリテーション能力の育成にもなるし」

「海外契約、派遣社員のCさんに一緒に見てもらおうかな。たしか英語を使う仕事に興味があるって言っていたし(※)」

※派遣社員に依頼する業務内容を変更する際は、派遣会社との事前確認および内容によっては契約変更が必要です。

あなたの負荷軽減のみならず、メンバーの育成と成長にも寄与します。また、

「この仕事、やめられそうだな」

やめる仕事、手を抜くことのできる仕事を発見することもできます。マネージャーの仕事の棚卸しと分担、あるいは軽減。これはメンバーのみならず、マネージャーであるあなた自身の成長にもつながるのです。

③お金で解決する

なんでもかんでも自分たちだけでやろうとする組織があります。しかし、スピードも求められる時代。それでは時間もかかれば、何より自分たちの経験やスキルではクリアできない課題も。ならばお金で解決しましょう。

・社外の専門家を呼んで助けてもらう
・アウトソースする

外の人を呼ぶ、あるいは外の専門家の知恵を入れることで、あなた自身とメンバーの育成にもなります。業務課題の解決と育成の一石二鳥。

気合・根性主義で、なんでもかんでも自分たちだけでやろうとするカルチャー、そろそろ卒業しましょう。

「余計なことを言うな／するな」

マネージャー、のみならず上に立つ人が決して言ってはいけないフレーズの代表格。これを言われた瞬間、相手は傷つきます。人前で言われようものならなおのこと。さらに、相手が良かれと思って取った行動であれば、**二度と気を利かせようなどと思わなくなります**。こういうマネージャーに限って「部下は気が利かない」「メンバーに主体性がない」ひいては「積極的に報連相してこない」と嘆く。その原因はトップやマネージャー自身がつくってしまっています。

改善行動の例

まずは「ありがとう」。

不用意に部下の気持ちを傷つけてしまっていませんか？

相手が良かれと思って取った行動であればあるほど、その行動を認めましょう。悪気があるかないかは、冷静に聞けばわかるはずです。その上で、どうしてその行動に至ったか、背景を聞いてみてはいかがでしょうか？

まずは感謝して、相手の行動を受け止める。その上で、改善してほしい点があるならば「この場合は、こうしたほうがいい」などとフィードバックすることで、育成にもなります。また、結果的には残念だったとしても、その行動が認められたと思えば相手も悪い気はしません。すなわち、相手との関係も良くなります。

「いままで何やってたんだ！」

業務改善や生産性向上、あるいはミスの再発防止策の検討に取り組む際、ついつい言ってしまいたくなるこのフレーズ。**現在、未来、2つの観点で不幸をもたらします。**

現在の観点

その瞬間、言われた本人たちはネガティブなショックを受けます。いままでもその仕事を一生懸命やってきたのに（なおかつ、良かれと思って続けてきたのに）、頭ごなしにいきなり否定されるわけですから。

未来の観点

この発言は、将来の改善提案をも妨げます。

問題点の指摘や改善提案をすると、「いままで何やってきたんだ！」と言われる

←

だから余計な提案はしない

こうして、**中から改善提案も改善行動も生まれにくい組織風土が出来上がります。**

改善行動の例

メンバーが仕事のやり方の問題点を指摘してくれたら？　部下が改善提案をしてくれたら？

ただ否定するだけではマイナスの効果しか生まれません

この場合も、**まずは「ありがとう」**。

メンバーは勇気を持って、わざわざ指摘したり改善提案したりしてくれています。その行動に敬意を表しましょう。さもないと、二度とあなたに改善提案などしなくなります。

あるいは**「過去については絶対に責めない」**。これをマネージャーのあなたが宣言して実行してください。過去は水に流す。そうしないと、未来に向けた改善は起こりません。

「無理に決まっている」

これまた、モヤモヤした無力感をメンバーに植え付けるパワーワード（いや、パワーレスワード？）。

権限のある**マネージャーが「無理」と言ってしまったら、メンバーはそれ以上何も言い返せなくなる**でしょう。その裏で、トップや部門長が「チャレンジ」やら「イノベーション」やら意識の高いスローガンを掲げて発信している。そのギャップに、メンバーはますます無力感と組織に対する不信感を募らせます。

そもそも、「無理＝あなたの視野や知見による判断」でしかありません。メンバーにはメンバーなりのプロフェッショナリティやスキルがあります。あなたにない、知識や経験を兼ね備えています。それをあなたの独断で「無理」と言い切るのはいかがなものでしょうか？　メンバーは「自分の考えやスキル、経験が認められていない」「リスペクトされていない」と感じるようになります。もちろん、組織の健全な成長も妨げます。

とはいえ、明らかな予算制約や技術的な困難がわかっているなど、無理と判断しなければいけないケースもあるでしょう。では、どうしたらよいか？

改善行動の例

「今回のケースは予算の制約があって、無理なんだ。申し訳ない」
「良い提案だね。この繁忙期が終わったら、毎週時間をつくってやってみよう」

このように、**なぜ無理なのかをきちんと説明しましょう**。有無を言わさず無理と切

あなたが「無理」と言ってしまえばそこで終了です

り捨てる。これではメンバーはモヤモヤします。きちんと状況を説明する。すなわち、情報のモヤモヤを排除してこそ、提案した本人も納得感を持ってあなたの「無理」を受け入れることができます。

もちろん「申し訳ない」「ありがとう」など、相手に寄り添ったお詫びや感謝のひと言もお忘れなく。

「キミがラクしたいだけでしょ？」

現場の改善マインドを踏みにじる、名物フレーズ。

第一に、**「ラクしたい＝ネガティブ」なる発想がマネジメントとしてNG**。生産性もモチベーションも度外視した、旧態依然のブラックな発想そのものです。

ビジネスの場において（ビジネスだけとは限らないですが）、ラクをすることは良いことです。美徳です。

最小の労力で、最大の成果を出す（あるいは、最大の労力でそれ以上の、現在ないし未来の成果を出す）。生産性向上の基本です。むしろ、率先して自分たちがラクできる環境その苦労を押し付けることに意味があるのでしょうか？

をつくるのがマネージャーの役割であり、責任です。

「みんな、大変な思いをしているんだ。だからあなたも苦労しなさい」
「私も理不尽に耐えたんだ。あなただけラクするなんて許さない」

この**過去ベースの同調圧力は誰も幸せにしません**。そんなブラックな組織に誰も関わりたくありません。すなわち、優秀な中の人や外部の協力者を遠ざけます。まるで学生の体育会系サークルのノリそのもの。学生気分をビジネスの場に持ち込み過ぎるのはやめましょう。組織の品格そのものが疑われます。

改善行動の例

マネージャーのあなたが、率先してラクをしましょう。ラクを求めましょう。
たとえば社内の経費申請の手続きがものすごく煩雑だったとします。

「この手続き、凄く手間がかかるよね。ラクにする方法はない?」

あるいは定例会議が多過ぎて、残業が多いとします。マネージャーのあなた自身も時間が取られて正直苦しい。

「この会議、やめられない？」
「リモートでもよくない？」

こうした発言をすることで、メンバーは**「ラクしてもいいんだ」「無理に頑張らなくてもいいんだ」**、こんな安心感を持つことができます。また、ラクをするための工夫や提案がしやすくなります。

メンバーからの改善提案はどんどん受け入れてサポートしてください。あるいは、あなた自身がラクにする方法を考えて実践してください。**率先して、ラクをすることの社内体験"Employee Experience"を増やしましょう**。人は快感を好む生き物です。「ラクになった！」この快感体験こそが、業務改善やラクをすることに前向きな風土を育みます。

「生産性向上の本質は、ネガティブな仕事を減らして、ポジティブな仕事を増や

すこと」

私が以前、業務改善のご支援をした都内の中堅企業の社長がおっしゃった言葉。まさに、面倒な仕事、もはや形骸化した仕事はどんどん指摘して、どんどんなくす姿勢です。その分、新たなチャレンジやあるいはメンバー同士の対話などポジティブな時間をつくっていかなければ、組織の健全な成長はあり得ません。気合と根性主義、みんなで仲良く苦しむ主義は、そろそろ卒業しましょう。

「業務外でやって」「キミ(たち)だけでやって」

「チームの情報共有をしやすくするために、クラウドサービスの導入を検討したいです」
「技術力の向上のために、技術書を購入してみんなで読む〝読書会〟をやってみたいです」
「外部のフォーラムに参加して、最新のマーケティングの動向をキャッチアップしたいです」

メンバーが自主的に提案した業務改善、あるいは学習機会の提案。やる気がある人ほど、こうしたプラスαの活動に意欲的です。一方、そうしたポジティブを悪気なく踏みにじってしまうマネージャーも。

「業務外でやって」「キミ（たち）だけでやって」

その瞬間、メンバーは**「仕事として認めてくれないのか」「遊びだと思われているのか」**とモチベーションを下げます。会社が「生産性向上」「育成」などと騒いでいればいるほど、会社の本気度を疑います。

「この会社は口先だけ」
「社員の育成や成長にまったく理解も投資もしてくれない、ケチな会社」
「社員のボランティア精神にフリーライドする、ブラックな組織」

せっかくの部下の向上心を摘み取ってしまいます

そう思われても仕方がないですね。

改善行動の例

もちろんすべてを業務扱いするのは難しいでしょう。しかしながら、少なからずあなたの組織の業務効率向上や能力向上につながるのであれば、まずは、**業務扱いでできないか？　予算をつけられないか？**　など検討してみてほしいです。書籍など形に残るものは、経費でも購入しやすいでしょう。課長決裁で十分購入できる金額のものがほとんどです。

次の質問を、私は企業の管理職からよく受けます。

「社内外の勉強会参加は業務扱いにしたほうがよいのか？」

私はいつも次のように回答（即答）しています。

「悩むくらいだったら、業務扱いにしてください」

この組織は社員の育成に投資してくれている。それが、成長意欲のあるメンバーを引き寄せます。

「それはあなたの仕事ではない」

これを言われて、気持ちよく思う人がいるでしょうか？

イラッとする（あるいは悲しく思う）とともに、あなたの組織やその仕事に対する主体性もどんどんなくなっていきます。なおかつ、これを言われ続けたメンバーは、他者や他組織との壁をつくるようになります。

無理もないですね。**組織長のあなたが壁をつくろうとしている**のだから。その結果、組織の風通しも悪くなり、あなたの組織の「井の中の蛙」化もどんどん進行します。

改善行動の例

「視点が高くなってきたね。それはとても良いことです。しかしいまの状況では……」

部下の主体性をマネージャー自らが奪ってしまいます

「まずは、こっちの仕事を優先してほしい」

メンバーの行動をまず評価。組織の壁や仕事の制約を越えようとする。それは何よりの成長の証です。称賛すべきものであって、決して叱責するものではありません。褒めた上で、事情を説明しましょう。

もちろん、これを機にそのメンバーに新しい仕事にチャレンジしてもらうのもよいでしょう。それ自体が育成とチャレンジ体験の創出につながります。ただし、マネージャーとしてのメンバーのサポートはお忘れなく。**マル投げは禁物！**

「自責で考えた？」

「それ、自責で考えた？」
「他責にするな！」

メンバーからトラブルの報告や悪い知らせを受けた。それに対して、口癖のようにこれらのセリフを言うマネージャーがいます。

「自責で考える人は成長する」

それももっともです。しかし、明らかに相手に非があるとしたら？　仕組みや環境に問題があるとしたら？　**自責で考えるにも限界があります**。

また**常に自責で考えてしまうと、他責要因を言語化しにくくなり、組織のリスクに目隠しがされてしまいます**。メンバーがストレスを抱え込んでしまうのも、ヘルシーではありません。

何より、

「それ、自責で考えた？」

その言葉がもう他責です。マネージャーとしての、改善行動を放棄し、相手の自責にマル投げしている発言ととらえられかねません。こうして、メンバーはモチベーションもエンゲージメントも下げてしまいます。

「馬鹿のひとつ覚え」が部下のやる気を奪うことも

改善行動の例

自責志向には大きな欠点があります。その本人は成長しても、組織の学びや成長につながらないのです。

たとえば、あなたが申請書の記入ミスをして、管理部門から差戻しをされたとしましょう。自責でとらえ、申請書の記入漏れをしないようセルフチェックを徹底する。それにより、あなたはミスをしなくなるかもしれません。しかし、ほかの人はどうでしょう？　また同じミスをして、同じような手戻りを発生させるかもしれません。**自責志向による自己改善は、属人化します。**

他責で考えたらどうか？

・申請書の記入方法がわかりにくい
・申請書にチェック機能がない

このような、他の人が同じミスをくり返さないための仕組みの問題に、目を向けることができます。

私は**「いったん、他責で考える」くらいが健全**だと考えています。たとえば、ミスの再発防止策を検討するとき、あなたが率先して「自責要因」「他責要因」とホワイトボードに書き出す。自責と他責両方の原因および再発防止策をメンバーが言い出しやすいよう、工夫してあげるだけでも自責一辺倒のカルチャーをなくしていくことができます。

完璧主義、100点主義

なんでもかんでも完璧を求めるマネージャーがいます。

あなたが完璧主義なのは本人の趣味趣向としては良いとは思いますが、いついかなるケースでも、それをメンバーや社外のビジネスパートナーにまで求めるのはいかがなものでしょうか？

完璧主義は……

・気軽な報連相を生みにくくなります
・その結果、スピードが遅くなります
・仕事の手戻りを誘発しやすくなります
・気軽なトライ＆エラーをしにくくなります

スピード重視の時代、完璧を求めすぎるのは企業リスクにもなりかねません。これは、あなたと部下のような社内に閉じた仕事のみならず、あなたの会社とお客様、あるいはお取引先など社外のステークホルダーとのコミュニケーションについても言えます。

・社内検討の進捗が不明
・いつまで経っても提案が出てこない
・社内調整に時間がかかりすぎて意思決定がされない、回答が来ない

このようなモヤモヤした会社と、積極的に仕事をしたいと思う相手がどれだけいるでしょうか？　あなたのこだわりや社風による、完璧主義や１００点主義。そろそろ改めなければいけないようです。

無意味な完璧主義が職場を混乱させてしまいます

改善行動の例

「30点でいいから持ってきて」
「手書きでいいから見せて」
「所詮、社内の報告資料だから雑でいいよ」

このような発言や行動にシフトしましょう。**ラフにできたところで共有する。雑に早く進める**。そのアプローチを"Quick & Dirty"と言います。

完成度は低くてよいので、早くイメージをつくって相手と共有する。それにより、意識違いや手戻りも防ぐことができます。

もちろん、仕事の種類によっては完ぺきに近くなければならない、100点が求められるものもあるでしょう。安全に直結する作業や、安心に関わるものなど。

だからといって、すべての仕事に完ぺき、100点を求めるのはナンセンスであり、機会損失を生みます。マネージャーが率先して、問題提起および温度調整してください。

「そんなの常識だよ」

このフレーズも、また相手を徒に不快にさせます。**あなたは教育だと思って言っていても、多くのケースにおいて逆効果**です。

まずもって、相手はバカにされた気持ちになります。職位や経験年数のある人が相手より優位に立とうとして、相手の無知さを指摘するような行動を取ることを「マウンティング」と言います。「そんなの常識だよ」も、マウンティングです。

何より、**あなたのその常識がもはや時代に合っておらず、非効率を生み続けている**場合もあります。

たとえば、あなたの部下が体調不良で当日会社を休みたいとします。その連絡方法が最近たびたび話題になります。

「最近の若手は、メールやＬＩＮＥで欠席連絡を送ってくる。けしからん」

あなたの自己満足で部下を抑えつけていませんか？

「電話で連絡するのがマナー」

果たしてそうでしょうか？

電話しか手段がなかった時代であれば、合理性のある「常識」だったかもしれません。しかし、メールやＬＩＮＥのようなテクノロジーがあり、かつ普及しているのにそれを使わせないのは果たして合理的と言えるのでしょうか？　何より、電話は受け手が不在であればかけ直す必要があります。体調が悪い相手に、何度も電話をかけさせる、その行為が人道的とは言えません。

体調の悪い中、時間と場所を選ばずに連絡する最善の手段で連絡をする。そこを評価するべきではないでしょうか？

このように、生まれた当初は合理性があったものの、時代や環境や技術の変化で〝残念な〟慣習でしかなくなってしまった常識はほかにもたくさんあります。その古い常識を主張する人に対して、相手はどう思うか？

「この人は古い常識にこだわる人だ」

「あなたの常識はそうかもしれないが、いまは違う」

このようなモヤモヤした気持ちを増幅させます。

改革とは、それまでの慣習や常識を見直すところから始まります。イノベーションとは、掛け合わせで新たな製品やサービス、ビジネスモデルを生むことにあります。

改革やイノベーションを掲げている組織こそ、常識を疑わなければなりません。

改善行動の例

①相手の意見や行動を受け止める

まずは相手の意見に耳を傾け、相手の行動を容認することから。なぜそのような行動を取ったのか、本人と対話して確認しましょう。

あなたが常識を主張するのであれば、その常識行動が誰にとってどう良いのか？　あるいは、その行動を逸することで誰がどう不利益をこうむるのかについて、相手と〝対話（一方的な説教ではなく、双方向の対話）〟してください。

②常識をアップデートする

常識は悪気なく形骸化し、やがて生産性やモチベーションの足を引っ張る妖怪と化します。古い常識に引っ張られないためには、新たな情報やトレンドをインプットし続けなければなりません。

- テーマを決めて本を読んでみる
- 社外の勉強会やフォーラム、交流会に参加する
- 社内で勉強会をやってみる
- 社外の専門家を呼んで話をしてもらう

このように、定期的にあなたの組織がアップデートされる仕掛けをつくって運用してください。

「そんなことをしてなんの効果があるの？」

「で、費用対効果は？」

マネージャーたるもの、常に費用対効果を意識しなければなりません。

しかしながら、メンバーの意見や提案に対してすぐ「費用対効果」を突っ込むのはいかがなものかと。**ちょっとした改善のアイディアや発想を、提案しにくくなります**。簡単なチャレンジもしにくくなります。控え目にいって、息苦しい空気をつくってしまいます。

「毎度毎度、細かな試算をしないと改善提案もできないのか」

「新規サービスのアイディアがあるのだけれど、いろいろと揚げ足を取られてめんどくさいから言うのはやめておこう」

こうして、組織に愛想を尽かしてやがて転職してしまう人も。

行き過ぎた問い詰めが部下のチャレンジ精神を奪います

改善行動の例

「効果は度外視でいいから」
「思いつきでいいよ」

こういったひと言があるだけで、メンバーはアイディアを口にしやすくなります。もちろん、言っているだけでは駄目。それを受け止める仕組みも大事です。

・アイディアを書き出しておくホワイトボードを設置する
・グループウェア(組織内の情報共有を目的としたネットワークシステム)上に、アイディア/意見提案を書き込むスレッドを設置する

もちろん、そこに書き込まれたアイディアや提案は必ずマネージャーが目を通して反応してください。そうしないと、二度と誰も意見をしなくなるでしょう。

費用対効果は、その後に考えるくらいでもよいのです。何なら、マネージャーのあな

たが算出してあげるのもよいでしょう。

また、アイディアや意見に対して、

・すぐの効果を求めない

この姿勢も重要。特に、業務改善などの取り組みはすぐに成果が出ないことも。**成果より変化を評価しましょう**。

・メンバーが意見を言うようになった
・改善をした結果、職場に元気な挨拶が生まれるようになった

こういった変化こそ、マネージャーが率先して見つけて評価してください。**変化を褒めて、変化を伸ばす**。それも大事なマネジメントです。

「至急」「大至急」が口ぐせ

「至急」「大至急」が口癖のマネージャーがいます。

ずばり言います。

「私はマネージャーとして無能です」と言いふらしているようなものです。

考えてみてください。いつも「至急」「大至急」で仕事を振ってくるマネージャーを、メンバーは信頼できるでしょうか？　優先度が付けられない上司、急ぎの仕事を、急ぎのまま部下にマル投げする機械装置にしか見えないでしょう。

また、「至急」「大至急」の仕事を常態化させると、安心して定時で帰れない職場、休めない職場環境をつくってしまいます。いつ突発の仕事が飛び込んでくるかわからず、それに備えないといけないからです。

言えば言うほどあなたの能力が疑われてしまいます

改善行動の例

①「至急」「大至急」をカウントする

まずは現状把握です。あなたが1日に、あるいは1週間にどれくらい「至急」「大至急」の仕事をしているか、あるいはメンバーに依頼しているか数えてみてください。

測定は改善の基本。その上で多いと感じたなら、〃「至急」「大至急」は1日1回まで〃このような数値目標を設定して運用してみてください。

それだけでも、「至急癖」を改善することができます。

②情報や仕事を開示する

情報をマネージャーのあなたが抱えてしまっているがゆえに、部下やメンバーが主体的に動けない、助けられない。この状況もよくあります。

あなたが持っている仕事を書き出す。あるいは全員が持っているタスクを、ITシステムなどを使ってお互い見られるようにする。さらには朝礼など、全員が集まる場で確認し合って優先する仕事と、そうでない仕事を話して決める。

そうすることで、マネージャーのあなたはもちろん、メンバーも自分の仕事を抱え込まず、かつ優先度付けに悩む必要がなくなります。物事の優先度を判断して計画したり、役割分担したりすることこそ上司の仕事。率先して、情報や優先度を見える化してください。

助言や評価を後回しにする

メンバーが出した成果や仕事のやり方。その場では、ニコニコしているだけで何も言わない。しかし、期末や年度末の業績評価でいきなり駄目出しする。

この行動、マネージャーのあなたとメンバーの間に大きな溝を生みます。

「いや、その場で叱るとモチベーションが下がると思って……」

「キツいことを言って、ハラスメント扱いされるのが怖い……」

「本人の自覚を大切にしたい」

その気持ちもわかります。しかし、その場で（あるいは直後に）何もフィードバックがなければ、本人はその行動に何の問題意識も持たないでしょう。そのまま、半年、1年、良かれと思ってその行動を続けて、ある日突然駄目出しを受ける。

「なんで最初に言ってくれなかったんだ」
「業績評価の点数で、いきなり駄目出しするのは卑怯だ」

メンバーは、上司に不信感を募らせて当然です。

改善行動の例

アドバイスは〝なるはや〟で。

育成の基本です。ポジティブなメッセージであればその場で、注意を促すアドバイスで

そんなに昔のことを言われても心に響きません

あれば少し時間を置いて(もちろん公衆の面前での指摘は避ける)。いずれにせよ時間をおかないうちにフィードバックしましょう。

もちろん、大きな失敗をしてしまったなど、本人の心情に配慮したい場合は少し時間を置くほうがよい場合もあります。さりとて、業績評価面談でいきなりの駄目出しはご法度。マネージャーは審査員ではありません。**メンバーを育成し、ともに成長する責任があるのです。**

ちょっと長めの
「おわりに」

理想のマネージャー、
Sさんが見せてくれた背中

「おわりに」としては少し長くなりますが、最後は私の体験談を。

私が過去に大手ＩＴ企業に勤務していた頃（当時は課長代理）、目線とモチベーションを上げてくれた部長（Ｓさん）が「しなかったこと」「していたこと」をお話しします。

私は２００８年（当時32歳）に大手ＩＴ企業に中途採用で入社しました。最初の出会いから、入社後に起きた出来事までを思い起こし、Ｓさんが見せてくれた背中を綴《つづ》ります。

志望動機も転職理由もひと言も聞かない

Ｓさんとの最初の出会いは、採用面接（一次面接）でした。後に私の上司になるのですが、そのときは　面接官の立ち場。通常、採用面接では、新卒採用であれ中途採用であれ、決まって志望動機を聞かれます。私もまた、志望動機を答えられるよう準備して面接当日を迎えました。

ところが……

Sさんから（ほかの面接官からも）志望動機はおろか、転職活動に至った経緯すら聞かれない！　正直、拍子抜けしました。その代わり、いまSさんの組織が抱えている課題、チャレンジしたい取り組みなどを話され、それに対する考えや意見を聞かれました。面接ではなく、プロ同士が熱く意見を交わすディスカッションの場でした。

「自分はプロとして認められた」

率直にそう感じ、とても心地良かったのを覚えています。

「自分の思いや意見を出し切った。思い残すことはない」

こんなにもすがすがしかった面接は、後にも先にも初めてでした。そして、Sさんのもとで働きたいと強く思いました。

面接を通過し（一次面接のみで決定してくれました）、晴れてSさんの部下となることに。入社後、私はSさん本人に尋ねてみました。なぜ、志望動機や転職理由を聞かなかったのかと。Sさんは、あっけらかんとこう答えます。

「だって、そんなタテマエ合戦したって時間の無駄でしょう」

「ボク、今日は社外の勉強会に行くから定時前にあがっちゃうぞ～」

Sさんは部長でありながらフットワークが軽く、社内外さまざまな勉強会やフォーラムなどに参加していました。

そんな彼の口癖は、

「ボク、今日は社外の勉強会に行くから定時前にあがっちゃうぞ～」

このひと言は、部下である私たちに大きな安心感を与えてくれました。

「この職場は、外に出させてもらえる」

「業務時間、あるいは定時後に勉強会などに積極的に参加できる」

こうして、部下は自分が学びたいテーマ、与えられた仕事のミッションを達成するため、あるいは新しいチャレンジをするための場に、手を挙げて参加することができました。

Sさんは勉強会やフォーラム、交流会に参加した翌日には、必ずその様子や学び、どんな人とつながったかなどを自ら部下に共有してくれました。そこから業務上のヒントを得ることができたり、Sさんに社外の専門家を紹介してもらったりして、業務の課題解決を図ることもできました。また私たち部下も、勉強会やフォーラムに参加したら率先して学びをチームに共有するようになりました。

上の人の振る舞いひとつで、組織文化は変わる。それをSさんは教えてくれました。

「100点取ろうとしなくていい。30~40点で持ってきて」

部長に説明する資料ともなると、時間をかけて丁寧に作りがち。しかし、Sさんは自ら部下にこう言っていました。

「2日も3日もかけて作った綺麗な資料なんて意味ないから」
「それより、手書きや誤字脱字だらけでもいいから30~40点レベルのものを早く持ってきて」

スピードが命。それを率先して行動で示してくれました。口癖のように、しょっちゅう言葉にしていたのも部下の行動、ひいては組織風土に大きな影響を与えました。後に、私自身がリーダーそしてマネージャーになったとき、口癖のように部下に言うようにも。

「あなたがそこに時間をかけるのは、もったいない」

私は事務作業や手続き事が大の苦手。自分なりに気をつけていても、自分でもよくわからないミスをする。そして手戻りを起こす。Sさんはそれをよくわかってくれていました。私が困って手を止めていると……。

「あなたが価値を出すのはそこじゃない。得意な◯◯さんにやってもらうといい。◯◯さん、ちょっといい？　沢渡さんを手伝ってあげて！」

こうして、率先して周りを巻き込み、それぞれが自分の得意な領域で価値を出せるようにしてくれていました。

「わざわざ来なくていい。ボクがそっちに行く」

入社して2年後のことです。私は大きなＩＴシステム構築プロジェクトに参画することになりました。ＩＴシステムプロジェクトは大きく、開発サイドと業務サイド（そのＩＴシステムの利用主管部署として要件を決めたり、導入を推進したりする部隊）の2つから成ります。私は業務サイドのリーダーとして、Ｓさんのいる本社とは離れた開発拠点に常駐していました。

なんとかリリースに漕ぎ着けたものの、直後にトラブルが頻発。現場はトラブルとクレームの火の海と化します。当然、本社の管理職は現場の様子が気になります。

「いったいどうなっているんだ」
「状況を報告してくれ」

Ｓさんのそのまた上の本部長はそう要求します。ところがリーダーの私は、トラブルの火消しとメンバーへの指示にてんてこまい。この手の、いわゆる「炎上プロジェクト」のマネージャーを経験された方ならおわかりかと思いますが、炎上しているときに本社まで出向いて報告をする余裕など、とてもありません。それよりも、現場のマネジメントに労力と時間を使いたい。トラブル時にリーダーが不在がちだと、メンバーの不安を増幅させます。それを察してくれたSさんは、私にこう言いました。

「わざわざ本社に報告しに来なくていい。ボクがそっちに行く」

このひと言がどんなに嬉しかったか！

現場のプロジェクトマネジメントを十分に経験された人でないと、この言葉はなかなか出てきません。いや、現場を経験した人であっても、時が経ち役職が上がるとその感覚を忘れてしまうものです。

「私の上司は、現場のことをわかってくださっている」

おかげで、私は火消しとプロジェクトメンバーのフォローに専念できました。

「ボクが悪者になろう」

トラブルが続くと、プロジェクトはどうしても険悪になりがちです。開発サイドと業務サイドで対立や責任の押し付け合いが。私もまた業務サイドのリーダーとして、何度か開発サイドのプロジェクトリーダーや責任者（部長層）と喧嘩をしそうになりました。キレそうになりながら、Sさんに電話をすると、Sさんは優しくこう言いました。

「キレたい気持ちはよくわかる。でもね、あなたはこれから現場で開発部隊と長く一緒にやっていく人だ。ここで悪者になっちゃマズい……。だからボクが悪者になろう。開発サイドの部長陣と話をする」

こうして、開発部隊の部長たちにモノイイをし、現場ではなるべく穏便に物事が運ぶよう調整してくれました。

部下を悪者にしない。

その強さと優しさに、私はマネージャーのあるべき姿を見ました。

以上、一部ではありますが、私が課長代理時代に部長Sさんに見せてもらった背中を紹介しました。もしかしたら、これを読まれたみなさんの中には違和感を覚える方もいらっしゃるかもしれません。

「それはマネージャーの振る舞いとして間違っているのではないか」

「自分のマネジメントとは違う」

マネジメントスタイルは十人十色。正解はありません。しかしながら、Sさんが見せてくれた背中が、私およびほかの部下たちに仕事とチームに対するエンゲージメントを高めたことは疑いのない事実です。余計なことを考えず、本来価値と成長に専念できる環境をつくってくれたことは、当時の部下として感謝し尽くせません。

みなさんは、マネージャーの背中、見せられていますか？

２０１９年夏　定山渓ダムの堤下、風そよぐ木陰にて

沢渡　あまね

【著者紹介】

沢渡あまね（さわたり・あまね）

1975年生まれ。あまねキャリア工房 代表 兼 株式会社なないろのはな取締役。

作家、業務プロセス／オフィスコミュニケーション改善士。

日産自動車、NTTデータ、大手製薬会社を経て2014年秋より現業。経験職種はITと広報。

人事経験ゼロの働き方改革パートナー。これまでに200を超える企業・官公庁・自治体で働き方改革、社内コミュニケーション活性、マネジメント改革、業務プロセス改善の支援・講演・執筆・メディア出演を行う。

著書に『仕事ごっこ』『仕事は「徒然草」でうまくいく』『業務デザインの発想法』『職場の問題かるた』『職場の問題地図』『マネージャーの問題地図』『働き方の問題地図』（技術評論社）、『チームの生産性をあげる。』（ダイヤモンド社）、『働く人改革』（インプレス）、『ドラクエに学ぶチームマネジメント』（C&R研究所）などがある。趣味はダムめぐり。

【ホームページ】http://www.amane-career.com/
【Twitter】@amane_sawatari
【Facebook】https://www.facebook.com/amane.sawatari
【メール】info@amane-career.com

装丁　　　　　和全（Studio Wazen）
本文デザイン　大口太郎
イラスト　　　ひらのんさ
DTP　　　　　横内俊彦
校正　　　　　池田研一

デキるマネージャーは余計なことをしない

2019年10月25日　初版発行

著　者　沢渡あまね
発行者　野村直克
発行所　総合法令出版株式会社
〒103-0001 東京都中央区日本橋小伝馬町15-18
ユニゾ小伝馬町ビル9階
電話　03-5623-5121

印刷・製本　中央精版印刷株式会社

ISBN 978-4-86280-704-5

総合法令出版ホームページ　http://www.horei.com/